मुंशी प्रेमचंद

की

बाल कहानियाँ

The Kid Books

अनबाउंड स्क्रिप्ट का उपक्रम

मुंशी प्रेमचंद की बाल कहानियाँ

प्रथम संस्करण : जनवरी, 2024

ISBN : 978-81-19745-37-1

प्रकाशक

अनबाउंड स्क्रिप्ट

2/41 अंसारी रोड, दरियागंज, दिल्ली - 110002

वेबसाइट : **www.unboundscript.com**

ई-मेल : **books@unboundscript.com**

फोन : **011-35807601**

मुद्रक

एच. टी. मीडिया लि., ग्रेटर नोएडा, उत्तर प्रदेश

Munshi Premchand Ki Bal Kahaniyan

Edited by Ashish Mishra

मूल्य : ₹ 150/-

मुंशी प्रेमचंद

की

बाल कहानियाँ

The
kid
books

अनुक्रम

दो बैलों की कथा

जानवरों में गधा सबसे ज्यादा बुद्धिमान समझा जाता है। हम जब किसी आदमी को पहले दर्जे का बेवकूफ कहना चाहते हैं, तो उसे गधा कहते हैं। गधा सचमुच बेवकूफ है या उसके सीधेपन, उसकी निरापद सहिष्णुता ने उसे यह पदवी दे दी है, इसका निश्चय नहीं किया जा सकता। गायें सींग मारती हैं, ब्याही हुई गाय तो अनायास ही सिंहनी का रूप धारण कर लेती है। कुत्ता भी बहुत गरीब जानवर है, लेकिन कभी-कभी उसे भी क्रोध आ ही जाता है, किन्तु गधे को कभी क्रोध करते नहीं सुना, न देखा। जितना चाहो गरीब को मारो, चाहे जैसी खराब, सड़ी हुई घास सामने डाल दो, उसके चेहरे पर कभी असंतोष की छाया भी नहीं दिखाई देगी। वैशाख में चाहे एकाध बार कुलेल कर लेता है, पर हमने तो उसे कभी खुश होते नहीं देखा। उसके चेहरे पर स्थाई विषाद स्थायी

रूप से छाया रहता है। सुख-दुःख, हानि-लाभ किसी भी दशा में उसे बदलते नहीं देखा। ऋषियों-मुनियों के जितने गुण हैं, वे सभी उसमें पराकाष्ठा को पहुँच गए हैं, पर आदमी उसे बेवकूफ कहता है। सद्गुणों का इतना अनादर!

कदाचित सीधापन संसार के लिए उपयुक्त नहीं है। देखिए न, भारतवासियों की अफ्रीका में क्या दुर्दशा हो रही है ? क्यों अमरीका में उन्हें घुसने नहीं दिया जाता? बेचारे शराब नहीं पीते,चार पैसे कुसमय के लिए बचाकर रखते हैं, जी तोड़कर काम करते हैं, किसी से लड़ाई-झगड़ा नहीं करते, चार बातें सुनकर गम खा जाते हैं फिर भी बदनाम हैं। कहा जाता है, वे जीवन के आदर्श को नीचा करते हैं। अगर वे ईंट का जवाब पत्थर से देना सीख जाते तो शायद सभ्य कहलाने लगते। जापान की मिसाल सामने है। एक ही विजय ने उसे संसार की सभ्य जातियों में गण्य बना दिया। लेकिन गधे का एक छोटा भाई और भी है, जो उससे कम ही गधा है। और वह है 'बैल'। जिस अर्थ में हम 'गधा' का प्रयोग करते हैं, कुछ उसी से मिलते-जुलते अर्थ में 'बछिया के ताऊ' का भी प्रयोग करते हैं। कुछ लोग बैल को शायद बेवकूफी में सर्वश्रेष्ठ कहेंगे, मगर हमारा विचार ऐसा नहीं है। बैल कभी-कभी मारता भी है, कभी-कभी अड़ियल बैल भी देखने में आता है। और भी कई रीतियों से अपना असंतोष प्रकट कर देता है, अतएवं उसका स्थान गधे से नीचा है।

झूरी के पास दो बैल थे- हीरा और मोती। देखने में सुंदर, काम में चौकस, डील में ऊँचे। बहुत दिनों साथ रहते-रहते दोनों में भाईचारा हो गया था। दोनों आमने-सामने या आस-पास बैठे हुए एक-दूसरे से मूक भाषा में विचार-विनिमय किया करते थे। एक-दूसरे के मन की बात को कैसे समझा जाता है, हम कह नहीं सकते। अवश्य ही उनमें कोई ऐसी गुप्त शक्ति थी, जिससे जीवों में श्रेष्ठता का दावा करने वाला मनुष्य वंचित है। दोनों एक-दूसरे को चाटकर सूँघकर अपना प्रेम प्रकट करते, कभी-कभी दोनों सींग भी मिला लिया करते थे, विग्रह के नाते से नहीं, केवल विनोद के भाव से, आत्मीयता के भाव से, जैसे दोनों में घनिष्ठता होते ही धौल-धप्पा होने लगता है। इसके बिना दोस्ती कुछ फुसफसी, कुछ हल्की-सी रहती है, फिर ज्यादा विश्वास नहीं किया जा सकता। जिस वक्त ये दोनों बैल हल या गाड़ी में जोत दिए जाते और गरदन हिला-हिलाकर चलते, उस समय हर एक की चेष्टा होती कि ज्यादा-से-ज्यादा बोझ मेरी ही गर्दन पर रहे।

दिन-भर के बाद दोपहर या संध्या को दोनों खुलते तो एक-दूसरे को चाट-चूट कर अपनी थकान मिटा लिया करते, नांद में खली-भूसा पड़ जाने के बाद दोनों साथ उठते, साथ नांद में मुँह डालते और साथ ही बैठते थे। एक मुँह हटा लेता तो दूसरा भी हटा लेता था।

संयोग की बात, झूरी ने एक बार गोईं को ससुराल भेज दिया। बैलों को क्या मालूम, वे कहाँ भेजे जा रहे हैं। समझे, मालिक ने हमें बेच दिया। अपना यों बेचा जाना उन्हें अच्छा लगा या बुरा, कौन जाने, पर झूरी के साले गया को घर तक गोईं ले जाने में दांतों पसीना आ गया। पीछे से हाँकता तो दोनों दाएँ-बाँए भागते, पगहिया पकड़कर आगे से खींचता तो दोनों पीछे की ओर जोर लगाते। मारता तो दोनों सींगे नीची करके हुंकारते। अगर ईश्वर ने उन्हें वाणी दी होती तो झूरी से पूछते-तुम हम गरीबों को क्यों निकाल रहे हो ?

हमने तो तुम्हारी सेवा करने में कोई कसर नहीं उठा रखी। अगर इतनी मेहनत से काम न चलता था, और काम ले लेते। हमें तो तुम्हारी चाकरी में मर जाना कबूल था। हमने कभी दाने-चारे की शिकायत नहीं की। तुमने जो कुछ खिलाया, वह सिर झुकाकर खा लिया, फिर तुमने हमें इस जालिम के हाथ क्यों बेंच दिया ?

संध्या समय दोनों बैल अपने नए स्थान पर पहुँचे। दिन-भर के भूखे थे, लेकिन जब नांद में लगाए गए तो एक ने भी उसमें मुँह नहीं डाला। दिल भारी हो रहा था। जिसे उन्होंने अपना घर समझ रखा था, वह आज उनसे छूट गया। यह नया घर, नया गाँव, नए आदमी उन्हें बेगाने-से लगते थे।

दोनों ने अपनी मूक भाषा में सलाह की, एक-दूसरे को कनखियों से देखा और लेट गये। जब गाँव में सोता पड़ गया तो दोनों ने जोर मारकर पगहा तुड़ा डाले और घर की तरफ चले। पगहे बहुत मजबूत थे। अनुमान न हो सकता था कि कोई बैल उन्हें तोड़ सकेगा, पर इन दोनों में इस समय दूनी शक्ति आ गई थी। एक-एक झटके में रस्सियाँ टूट गईं।

झूरी प्रातः काल सो कर उठा तो देखा कि दोनों बैल चरनी पर खड़े हैं। दोनों की गरदनों में आधा-आधा गरांव लटक रहा था। घुटने तक पांव कीचड़ से भरे हैं और दोनों की आँखों में विद्रोहमय स्नेह झलक रहा है।

झूरी बैलों को देखकर स्नेह से गद्गद हो गया। दौड़कर उन्हें गले लगा लिया। प्रेमालिंगन और चुम्बन का वह दृश्य बड़ा ही मनोहर था।

घर और गाँव के लड़के जमा हो गए। और तालियाँ बजा-बजाकर उनका स्वागत करने लगे। गाँव के इतिहास में यह घटना अभूतपूर्व न होने पर भी महत्त्वपूर्ण थी, बाल-सभा ने निश्चय किया, दोनों पशु-वीरों का अभिनन्दन पत्र देना चाहिए। कोई अपने घर से रोटियाँ लाया, कोई गुड़, कोई चोकर, कोई भूसी।

एक बालक ने कहा- "ऐसे बैल किसी के पास न होंगे।"

दूसरे ने समर्थन किया- "इतनी दूर से दोनों अकेले चले आए।"

तीसरा बोला- 'बैल नहीं हैं वे, उस जन्म के आदमी हैं।'

इसका प्रतिवाद करने का किसी को साहस नहीं हुआ। झूरी की स्त्री ने बैलों को द्वार पर देखा तो जल उठी। बोली - 'कैसे नमक-हराम बैल हैं कि एक दिन वहाँ काम न किया, भाग खड़े हुए।'

झूरी अपने बैलों पर यह आक्षेप न सुन सका- टनमक हराम क्यों हैं? चारा-दाना न दिया होगा तो क्या करते ?'

स्त्री ने रोब के साथ कहा- 'बस, तुम्हीं तो बैलों को खिलाना जानते हो, और तो सभी पानी पिला-पिलाकर रखते हैं।'

झूरी ने चिढ़ाया- 'चारा मिलता तो क्यों भागते?'

स्त्री चिढ़ गयी- 'भागे इसलिए कि वे लोग तुम जैसे बुद्धुओं की तरह बैल को सहलाते नहीं, खिलाते हैं तो रगड़कर जोतते भी हैं। ये दोनों ठहरे कामचोर, भाग निकले। अब देखूँ कहाँ से खली और चोकर मिलता है। सूखे भूसे के सिवा कुछ न दूँगी, खाएं चाहें मरें।'

वही हुआ। मजूर की बड़ी ताकीद की गई कि बैलों को खाली सूखा भूसा दिया जाए।

बैलों ने नांद में मुँह डाला तो फीका-फीका, न कोई चिकनाहट, न कोई रस !

क्या खाएं? आशा-भरी आँखों से द्वार की ओर ताकने लगे। झूरी ने मजूर से कहा- 'थोड़ी-सी खली क्यों नहीं डाल देता बे?'

'मालकिन मुझे मार ही डालेंगी।'

'चुराकर डाल आ।'

'ना दादा, पीछे से तुम भी उन्हीं की-सी कहोगे।'

दूसरे दिन झूरी का साला फिर आया और बैलों को ले चला। अबकी उसने दोनों को गाड़ी में जोता।

दो-चार बार मोती ने गाड़ी को खाई में गिराना चाहा, पर हीरा ने संभाल लिया। वह ज्यादा सहनशील था।

संध्या-समय घर पहुँचकर उसने दोनों को मोटी रस्सियों से बाँधा और कल की शरारत का मजा चखाया फिर वही सूखा भूसा डाल दिया। अपने दोनों बैलों को खली चूनी सब कुछ दी।

दोनों बैलों का ऐसा अपमान कभी न हुआ था। झूरी ने इन्हें फूल की छड़ी से भी छूता था। उसकी टिटकार पर दोनों उड़ने लगते थे। यहाँ मार पड़ी। आहत सम्मान की व्यथा तो थी ही,उस पर मिला सूखा भूसा !

नांद की तरफ आँखें तक न उठाईं।

दूसरे दिन गया ने बैलों को हल में जोता, पर इन दोनों ने जैसे पांव न उठाने की कसम खा ली थी। वह मारते-मारते थक गया, पर दोनों ने पांव न उठाया। एक बार जब उस निर्दयी ने हीरा की नाक पर खूब डंडे जमाये तो मोती को गुस्सा काबू से बाहर हो गया। हल

लेकर भागा। हल, रस्सी, जुआ, जोत, सब टूट-टाटकर बराबर हो गया। गले में बड़ी-बड़ी रस्सियाँ न होतीं तो दोनों पकड़ाई में न आते।

हीरा ने मूक-भाषा में कहा-भागना व्यर्थ है।'

मोती ने उत्तर दिया- 'तुम्हारी तो इसने जान ही ले ली थी।'

'अबकी बड़ी मार पड़ेगी।'

'पड़ने दो, बैल का जन्म लिया है तो मार से कहाँ तक बचेंगे ?'

'गया दो आदमियों के साथ दौड़ा आ रहा है, दोनों के हाथों में लाठियां हैं।'

मोती बोला- 'कहो तो दिखा दूँ मजा मैं भी, लाठी लेकर आ रहा है।'

हीरा ने समझाया-'नहीं भाई ! खड़े हो जाओ।'

'मुझे मारेगा तो मैं एक-दो को गिरा दूँगा।'

'नहीं हमारी जाति का यह धर्म नहीं है।'

मोती दिल में ऐंठकर रह गया। गया आ पहुँचा और दोनों को पकड़ कर ले चला। कुशल हुई कि उसने इस वक्त मारपीट न की, नहीं तो मोती पलट पड़ता। उसके तेवर देख गया और उसके सहायक समझ गए कि इस वक्त टाल जाना ही भलमनसाहत है।

आज दोनों के सामने फिर वही सूखा भूसा लाया गया, दोनों चुपचाप खड़े रहे।

घर में लोग भोजन करने लगे। उस वक्त छोटी-सी लड़की दो रोटियाँ लिए निकली और दोनों के मुँह में देकर चली गई। उस एक रोटी से इनकी भूख तो क्या शान्त होती, पर दोनों के हृदय को मानो भोजन मिल गया। यहाँ भी किसी सज्जन का वास है। लड़की भैरो की थी। उसकी माँ मर चुकी थी। सौतेली माँ उसे मारती रहती थी, इसलिए इन बैलों से एक प्रकार की आत्मीयता हो गई थी।

दोनों दिन-भर जाते, डंडे खाते, अड़ते, शाम को थान पर बाँध दिए जाते और रात को वही बालिका उन्हें दो रोटियाँ खिला जाती। प्रेम के इस प्रसाद की यह बरकत थी कि दो-दो गाल सूखा भूसा खाकर भी दोनों दुर्बल न होते थे, मगर दोनों की आँखों में रोम-रोम में विद्रोह भरा हुआ था।

एक दिन मोती ने मूक-भाषा में कहा- 'अब तो नहीं सहा जाता हीरा !

'क्या करना चाहते हो ?'

'एकाध को सींगों पर उठाकर फेंक दूँगा।'

'लेकिन जानते हो, वह प्यारी लड़की, जो हमें रोटियाँ खिलाती है, उसी की लड़की है, जो इस घर का मालिक है, यह बेचारी अनाथ हो जाएगी।'

‘तो मालकिन को फेंक दूँ, वही तो इस लड़की को मारती है।

‘लेकिन औरत जात पर सींग चलाना मना है, यह भूल जाते हो।’

‘तुम तो किसी तरह निकलने ही नहीं देते, बताओ, तुड़ाकर भाग चलें।’

‘हाँ, यह मैं स्वीकार करता, लेकिन इतनी मोटी रस्सी टूटेगी कैसे।’

इसका एक उपाय है, पहले रस्सी को थोड़ा चबा लो। फिर एक झटके में जाती है।’

रात को जब बालिका रोटियाँ खिला कर चली गई तो दोनों रस्सियाँ चबाने लगे, पर मोटी रस्सी मुँह में न आती थी। बेचारे बार-बार जोर लगाकर रह जाते थे।

साहसा घर का द्वार खुला और वह लड़की निकली। दोनों सिर झुकाकर उसका हाथ चाटने लगे। दोनों की पूंछें खड़ी हो गईं। उसने उनके माथे सहलाए और बोली- ‘खोल देती हूँ, चुपके से भाग जाओ, नहीं तो ये लोग मार डालेंगे। आज घर में सलाह हो रही है कि इनकी नाकों में नाथ डाल दी जाएं।’

उसने गरांव खोल दिया, पर दोनों चुप खड़े रहे।

मोती ने अपनी भाषा में पूंछा- ‘अब चलते क्यों नहीं ?’

हीरा ने कहा- 'चलें तो, लेकिन कल इस अनाथ पर आफत आएगी, सब इसी पर संदेह करेंगे।'

साहसा बालिका चिल्लाई- 'दोनों फूफा वाले बैल भागे जे रहे हैं, ओ दादा! दादा! दोनों बैल भागे जा रहे हैं, ओ दादा! दादा! दोनों बैल भागे जा रहे हैं, जल्दी दौड़ो।

गया हड़बड़ाकर भीतर से निकला और बैलों को पकड़ने चला। वे दोनों भागे। गया ने पीछा किया, और भी तेज हुए, गया ने शोर मचाया। फिर गाँव के कुछ आदमियों को भी साथ लेने के लिए लौटा। दोनों मित्रों को भागने का मौका मिल गया। सीधे दौड़ते चले गए। यहाँ तक कि मार्ग का ज्ञान रहा। जिस परिचित मार्ग से आए थे, उसका यहाँ पता न था। नए-नए गाँव मिलने लगे। तब दोनों एक खेत के किनारे खड़े होकर सोचने लगे, अब क्या करना चाहिए।

हीरा ने कहा- 'मुझे मालूम होता है, राह भूल गए।'

'तुम भी बेतहाशा भागे, वहीं उसे मार गिराना था।'

'उसे मार गिराते तो दुनिया क्या कहती ? वह अपने धर्म छोड़ दे, लेकिन हम अपना धर्म क्यों छोडें ?' दोनों भूख से व्याकुल हो रहे थे। खेत में मटर खड़ी थी। चरने लगे। रह-रहकर आहट लेते रहे थे। कोई आता तो नहीं है।

जब पेट भर गया, दोनों ने आजादी का अनुभव किया तो मस्त होकर उछलने-कूदने लगे। पहले दोनों ने डकार ली। फिर सींग मिलाए और एक-दूसरे को ठेकने लगे। मोती ने हीरा को कई कदम पीछे हटा दिया, यहाँ तक कि वह खाई में गिर गया। तब उसे भी क्रोध आ गया। संभलकर उठा और मोती से भिड़ गया। मोती ने देखा कि खेल में झगड़ा हुआ चाहता है तो किनारे हट गया।

अरे ! यह क्या ? कोई सांड़ डौंकता चला आ रहा है। हाँ, सांड़ ही है। वह सामने आ पहुँचा। दोनों मित्र बगलें झांक रहे थे। सांड़ पूरा हाथी था। उससे भिड़ना जान से हाथ धोना है, लेकिन न भिड़ने पर भी जान बचती नजर नहीं आती। इन्हीं की तरफ आ भी रहा है। कितनी भयंकर सूरत है !

मोती ने मूक-भाषा में कहा- 'बुरे फंसे, जान बचेगी ? कोई उपाय सोचो।'

हीरा ने चिंतित स्वर में कहा- 'अपने घमंड में फूला हुआ है, आरजू-विनती न सुनेगा।'

'भाग क्यों न चलें?'

'भागना कायरता है।'

'तो फिर यहीं मरो। बंदा तो नौ दो ग्यारह होता है।'

'और जो दौड़ाए?'

'तो फिर कोई उपाए सोचो जल्द!'

'उपाय यह है कि उस पर दोनों जने एक साथ चोट करें। मैं आगे से रगेदता हूँ, तुम पीछे से रगेदो, दोहरी मार पड़ेगी तो भाग खड़ा होगा। मेरी ओर झपटे, तुम बगल से उसके पेट में सींग घुसेड़ देना। जान जोखिम है, पर दूसरा उपाय नहीं है।

दोनों मित्र जान हथेली पर लेकर लपके। सांड़ को भी संगठित शत्रुओं से लड़ने का तजुरबा न था।

वह तो एक शत्रु से मल्लयुद्ध करने का आदी था। ज्यों-ही हीरा पर झपटा, मोती ने पीछे से दौड़ाया। सांड़ उसकी तरफ मुड़ा तो हीरा ने रगेदा। सांड़ चाहता था, कि एक-एक करके दोनों को गिरा ले, पर ये दोनों भी उस्ताद थे। उसे वह अवसर न देते थे। एक बार सांड़ झल्लाकर हीरा का अन्त कर देने के लिए चला कि मोती ने बगल से आकर उसके पेट में सींग भोंक दिया। सांड़ क्रोध में आकर पीछे फिरा तो हीरा ने दूसरे पहलू में सींगे चुभा दिया।

आखिर बेचारा जख्मी होकर भागा और दोनों मित्रों ने दूर तक उसका पीछा किया। यहाँ तक कि सांड़ बेदम होकर गिर पड़ा। तब दोनों ने उसे छोड़ दिया। दोनों मित्र जीत के नशे में झूमते चले जाते थे।

मोती ने सांकेतिक भाषा में कहा- 'मेरा जी चाहता था कि बचा को मार ही डालूं।'

हीरा ने तिरस्कार किया- 'गिरे हुए बैरी पर सींग न चलाना चाहिए।'

'यह सब ढोंग है, बैरी को ऐसा मारना चाहिए कि फिर न उठे।'

'अब घर कैसे पहुँचोगे वह सोचो।'

'पहले कुछ खा लें, तो सोचें।'

सामने मटर का खेत था ही, मोती उसमें घुस गया। हीरा मना करता रहा, पर उसने एक न सुनी। अभी दो ही चार ग्रास खाये थे कि आदमी लाठियां लिए दौड़ पड़े और दोनों मित्र को घेर लिया, हीरा तो मेड़ पर था निकल गया। मोती सींचे हुए खेत में था। उसके खुर कीचड़ में धंसने लगे। न भाग सका। पकड़ लिया। हीरा ने देखा, संगी संकट में है तो लौट पड़ा। फंसेंगे तो दोनों फंसेंगे। रखवालों ने उसे भी पकड़ लिया।

प्रातःकाल दोनों मित्र कांजी हौस में बंद कर दिए गए।

दोनों मित्रों को जीवन में पहली बार ऐसा साबिका पड़ा था कि सारा दिन बीत गया और खाने को एक तिनका भी न मिला। समझ में न आता था, यह कैसा स्वामी है। इससे तो गया फिर भी अच्छा था। यहाँ कई भैंसे थीं, कई बकरियां, कई घोड़े, कई गधे, पर किसी के सामने चारा न था, सब जमीन पर मुर्दों की तरह पड़े थे।

कई तो इतने कमजोर हो गये थे कि खड़े भी न हो सकते थे। सारा दिन मित्र फाटक की ओर टकटकी लगाए रहते, पर कोई चारा न लेकर आता दिखाई दिया। तब दोनों ने दीवार की नमकीन मिट्टी चाटनी शुरू की, पर इससे क्या तृप्ति होती।

रात को भी जब कुछ भोजन न मिला तो हीरा के दिल में विद्रोह की ज्वाला दहक उठी। मोती से बोला- 'अब नहीं रहा जाता मोती!

मोती ने सिर लटकाए हुए जवाब दिया- 'मुझे तो मालूम होता है कि प्राण निकल रहे हैं।'

'आओ दीवार तोड़ डालें।'

'मुझसे तो अब कुछ नहीं होगा।'

'बस इसी बूत पर अकड़ते थे!'

'सारी अकड़ निकल गई।'

बाड़े की दीवार कच्ची थी। हीरा मजबूत तो था ही, अपने नुकीले सींग दीवार में गड़ा दिए और जोर मारा तो मिट्टी का एक चिप्पड़ निकल आया। फिर तो उसका साहस बढ़ा उसने दौड़-दौड़कर दीवार पर चोटें कीं और हर चोट में थोड़ी-थोड़ी मिट्टी गिराने लगा।

उसी समय कांजी हौस का चौकीदार लालटेन लेकर जानवरों की हाजिरी लेने आ निकला। हीरा का उद्दंडुपन्न देखकर उसे कई डंडे रसीद किए और मोटी-सी रस्सी से बांध दिया।

मोती ने पड़े-पड़े कहा- 'आखिर मार खाई, क्या मिला?'

'अपने बूते-भर जोर तो मार दिया।'

'ऐसा जोर मारना किस काम का कि और बंधन में पड़ गए।'

'जोर तो मारता ही जाऊँगा, चाहे कितने ही बंधन पड़ते जाएं।'

'जान से हाथ धोना पड़ेगा।'

'कुछ परवाह नहीं। यों भी तो मरना ही है। सोचो, दीवार खुद जाती तो कितनी जाने बच जातीं। इतने भाई यहाँ बंद हैं। किसी की देह में जान नहीं है। दो-चार दिन यही हाल रहा तो मर जाएंगे।'

'हाँ, यह बात तो है। अच्छा, तो ला फिर मैं भी जोर लगाता हूँ।'

मोती ने भी दीवार में सींग मारा, थोड़ी-सी मिट्टी गिरी और फिर हिम्मत बढ़ी, फिर तो वह दीवार में सींग लगाकर इस तरह जोर करने लगा, मानो किसी प्रतिद्वंदी से लड़ रहा है। आखिर कोई दो घंटे की जोर-आजमाई के बाद दीवार ऊपर से लगभग एक हाथ गिर गई, उसने दूनी शक्ति से दूसरा धक्का मारा तो आधी दीवार गिर पड़ी।

दीवार का गिरना था कि अधमरे-से पड़े हुए सभी जानवर चेत उठे, तीनों घोड़ियां सरपट भाग निकलीं। फिर बकरियां निकलीं, इसके बाद भैंस भी खसक गई, पर गधे अभी तक ज्यों के त्यों खड़े थे।

हीरा ने पूछा- 'तुम दोनों क्यों नहीं भाग जाते?'

एक गधे ने कहा- 'जो कहीं फिर पकड़ लिए जाएं।'

'तो क्या हरज है, अभी तो भागने का अवसर है।'

'हमें तो डर लगता है। हम यहीं पड़े रहेंगे।'

आधी रात से ऊपर जा चुकी थी। दोनों गधे अभी तक खड़े सोच रहे थे कि भागें, या न भागें, और मोती अपने मित्र की रस्सी तोड़ने में लगा हुआ था। जब वह हार गया तो हीरा ने कहा- 'तुम जाओ, मुझे यहीं पड़ा रहने दो, शायद कहीं भेंट हो जाए।'

मोती ने आँखों में आंसू लाकर कहा- 'तुम मुझे इतना स्वार्थी समझते हो, हीरा हम और तुम इतने दिनों एक साथ रहे हैं। आज तुम विपत्ति में पड़ गए हो तो मैं तुम्हें छोड़कर अलग हो जाऊँ ?'

हीरा ने कहा- 'बहुत मार पड़ेगी, लोग समझ जाएंगे, यह तुम्हारी शरारत है।'

मोती ने गर्व से बोला- 'जिस अपराध के लिए तुम्हारे गले में बंधना पड़ा, उसके लिए अगर मुझे मार पड़े, तो क्या चिंता। इतना तो हो ही गया कि नौ-दस प्राणियों की जान बच गई, वे सब तो आशीर्वाद देंगे।'

यह कहते हुए मोती ने दोनों गधों को सींगों से मार-मार कर बाड़े से बाहर निकाला और तब अपने बंधु के पास आकर सो रहा।

भोर होते ही मुंशी और चौकीदार तथा अन्य कर्मचारियों में कैसी खलबली मची, इसके लिखने की जरूरत नहीं। बस, इतना ही काफी है कि मोती की खूब मरम्मत हुई और उसे भी मोटी रस्सी से बांध दिया गया।

एक सप्ताह तक दोनों मित्र वहाँ बंधे पड़े रहे। किसी ने चारे का एक तृण भी न डाला। हाँ, एक बार पानी दिखा दिया जाता था। यही उनका आधार था। दोनों इतने दुर्बल हो गए थे कि उठा तक नहीं जाता था, ठठरियां निकल आईं थीं। एक दिन बाड़े के सामने डुग्गी बजने लगी और दोपहर होते-होते वहाँ पचास-साठ आदमी जमा हो गए। तब दोनों मित्र निकाले गए और लोग आकर उनकी सूरत देखते और मन फीका करके चले जाते।

ऐसे मृतक बैलों का कौन खरीददार होता ? सहसा एक दढ़ियल आदमी, जिसकी आँखें लाल थीं और मुद्रा अत्यन्त कठोर, आया और दोनों मित्र के कूल्हों में उंगली गोदकर मुंशीजी से बातें करने लगा। चेहरा देखकर अंतर्ज्ञान से दोनों मित्रों का दिल कांप उठे। वह क्यों है और क्यों टटोल रहा है, इस विषय में उन्हें कोई संदेह न हुआ। दोनों ने एक-दूसरे को भीत नेत्रों से देखा और सिर झुका लिया।

हीरा ने कहा- 'गया के घर से नाहक भागे, अब तो जान न बचेगी।' मोती ने अश्रद्धा के भाव से उत्तर दिया- 'कहते हैं, भगवान सबके ऊपर दया करते हैं, उन्हें हमारे ऊपर दया क्यों नहीं आती ?'

‘भगवान के लिए हमारा जीना मरना दोनों बराबर है। चलो, अच्छा ही है, कुछ दिन उसके पास तो रहेंगे। एक बार उस भगवान ने उस लड़की के रूप में हमें बचाया था। क्या अब न बचाएंगे ?’

‘यह आदमी छुरी चलाएगा, देख लेना।’

‘तो क्या चिंता है ? माँस, खाल, सींग, हड्डी सब किसी के काम आ जाएगा।’

नीलाम हो जाने के बाद दोनों मित्र उस दढ़ियल के साथ चले। दोनों की बोटी-बोटी कांप रही थी। बेचारे पांव तक न उठा सकते थे, पर भय के मारे गिरते-प़डते भागे जाते थे, क्योंकि वह जरा भी चाल धीमी हो जाने पर डंडा जमा देता था।

राह में गाय-बैलों का एक रेवड़ हरे-भरे हार में चरता नजर आया। सभी जानवर प्रसन्न थे, चिकने, चपल। कोई उछलता था, कोई आनंद से बैठा पागुर करता था कितना सुखी जीवन था इनका, पर कितने स्वार्थी हैं सब। किसी को चिंता नहीं कि उनके दो बाई बधिक के हाथ पड़े कैसे दुःखी हैं।

सहसा दोनों को ऐसा मालूम हुआ कि परिचित राह है। हाँ, इसी रास्ते से गया उन्हें ले गया था। वही खेत, वही बाग, वही गाँव मिलने लगे, प्रतिक्षण उनकी चाल तेज होने लगी। सारी थकान, सारी दुर्बलता गायब हो गई। आह ! यह लो ! अपना ही हार आ गया। इसी कुएं पर हम पुर चलाने आया करते थे, यही कुआं है।

मोती ने कहा- 'हमारा घर नजदीक आ गया है।'

हीरा बोला - 'भगवान की दया है।'

'मैं तो अब घर भागता हूँ।'

'यह जाने देगा ?'

इसे मैं मार गिराता हूँ।

'नहीं-नहीं, दौड़कर थान पर चलो। वहाँ से आगे हम न जाएंगे।'

दोनों उन्मत्त होकर बछड़ों की भांति कुलेलें करते हुए घर की ओर दौड़े। वह हमारा थान है। दोनों दौड़कर अपने थान पर आए और खड़े हो गए। दढ़ियल भी पीछे-पीछे दौड़ा चला आता था।

झूरी द्वार पर बैठा धूप खा रहा था। बैलों को देखते ही दौड़ा और उन्हें बारी-बारी से गले लगाने लगा। मित्रों की आँखों से आनन्द के आँसू बहने लगे। एक झूरी का हाथ चाट रहा था।

दढ़ियल ने जाकर बैलों की रस्सियां पकड़ लीं। झूरी ने कहा- 'मेरे बैल हैं।'

'तुम्हारे बैल कैसे हैं ? मैं मवेसीखाने से नीलाम लिए आता हूँ।'

'मैं तो समझता हूँ, चुराए लिए जाते हो! चुपके से चले जाओ, मेरे बैल हैं। मैं बेचूंगा तो बिकेंगे। किसी को मेरे बैल नीलाम करने का क्या अख्तियार हैं?'

'जाकर थाने में रपट कर दूँगा।'

'मेरे बैल हैं। इसका सबूत यह है कि मेरे द्वार पर खड़े हैं।

दढ़ियल झल्लाकर बैलों को जबरदस्ती पकड़ ले जाने के लिए बढ़ा। उसी वक्त मोती ने सींग चलाया। दढ़ियल पीछे हटा। मोती ने पीछा किया। दढ़ियल भागा। मोती पीछे दौड़ा, गाँव के बाहर निकल जाने पर वह रुका, पर खड़ा दढ़ियल का रास्ता वह देख रहा था, दढ़ियल दूर खड़ा धमकियां दे रहा था, गालियां निकाल रहा था, पत्थर फेंक रहा था, और मोती विजयी शूर की भांति उसका रास्ता रोके खड़ा था। गाँव के लोग यह तमाशा देखते थे और हँसते थे। जब दढ़ियल हारकर चला गया तो मोती अकड़ता हुआ लौटा। हीरा ने कहा- 'मैं तो डर गया था कि कहीं तुम गुस्से में आकर मार न बैठो।'

'अब न आएगा।'

'आएगा तो दूर से ही खबर लूँगा। देखूँ, कैसे ले जाता है।'

'जो गोली मरवा दे ?'

'मर जाऊँगा, पर उसके काम न आऊंगा।'

'हमारी जान को कोई जान ही नहीं समझता।'

'इसलिए कि हम इतने सीधे हैं।'

जरा देर में नाँदों में खली भूसा, चोकर और दाना भर दिया गया और दोनों मित्र खाने लगे। झूरी खड़ा दोनों को सहला रहा था। वह उनसे लिपट गया।

झूरी की पत्नी भी भीतर से दौड़ी-दौड़ी आई। उसने आकर दोनों बैलों के माथे चूम लिए।

गुल्ली डंडा

हमारे अंग्रेजी दोस्त मानें या न मानें मैं तो यही कहूँगा कि गुल्ली-डंडा सब खेलों का राजा है। अब भी कभी लड़कों को गुल्ली-डंडा खेलते देखता तो हूँ जी लोट-पोट हो जाता है कि इनके साथ जाकर खेलने लगूँ। न लान की जरूरत, न कोर्ट की, न नेट की, न थापी की। मजे से किसी पेड़ से एक टहनी काट ली, गुल्ली बना ली, और दो आदमी भी आ जाए, तो खेल शुरू हो गया।

विलायती खेलों में सबसे बड़ा ऐब है कि उसके सामान महंगे होते हैं। जब तक कम-से-कम एक सैकड़ा न खर्च कीजिए, खिलाड़ियों में शुमार ही नहीं हो पाता। यहाँ गुल्ली-डंडा है कि बिना हर्रे-फिटकरी के चोखा रंग देता है; पर हम अंग्रेजी चीजों के पीछे ऐसे दीवाने हो रहे हैं कि अपनी सभी चीजों से अरुचि हो गई। स्कूलों में हरेक लड़के से तीन-चार रूपये सालाना केवल खेलने की फीस ली जाती

है। किसी को यह नहीं सूझता कि भारतीय खेल खिलाएं, जो बिना दाम-कौड़ी के खेले जाते हैं। अंग्रेजी खेल उनके लिए हैं, जिनके पास धन है। गरीब लड़कों के सिर क्यों यह व्यसन मढ़ते हो? ठीक है, गुल्ली से आँख फूट जाने का भय रहता है, तो क्या क्रिकेट से सिर फूट जाने, तिल्ली फट जाने, टांग टूट जाने का भय नहीं रहता! अगर हमारे माथे में गुल्ली का दाग आज तक बना हुआ है, तो हमारे कई दोस्त ऐसे भी हैं, जो थापी को बैसाखी से बदल बैठे। यह अपनी-अपनी रुचि है। मुझे गुल्ली ही सब खेलों से अच्छी लगती है और बचपन की मीठी स्मृतियों में गुल्ली ही सबसे मीठी है।

वह प्रात:काल घर से निकल जाना, वह पेड़ पर चढ़कर टहनियाँ काटना और गुल्ली-डंडे बनाना, वह उत्साह, वह खिलाड़ियों के जमघटे, वह पदना और पदाना, वह लड़ाई-झगड़े, वह सरल स्वभाव, जिससे छूत्-अछूत, अमीर-गरीब का बिल्कुल भेद न रहता था, जिसमें अमीराना चोचलों की, प्रदर्शन की, अभिमान की गुंजाइश ही न थी, यह उसी वक्त भूलेगा जब-जब घरवाले बिगड़ रहे हैं, पिताजी चौके पर बैठे वेग से रोटियों पर अपना क्रोध उतार रहे हैं, अम्माँ की दौड़ केवल द्वार तक है, लेकिन उनकी विचार-धारा में मेरा अंधकारमय भविष्य टूटी हुई नौका की तरह डगमगा रहा है; और मैं हूँ कि पदाने में मस्त हूँ, न नहाने की सुधि है, न खाने की। गुल्ली है तो जरा-सी, पर उसमें दुनिया-भर की मिठाइयों की मिठास और तमाशों का आनंद भरा हुआ है।

मेरे हमजोलियों में एक लड़का गया नाम का था। मुझसे दो-तीन साल बड़ा होगा। दुबला, बंदरों की-सी लम्बी-लम्बी, पतली-पतली उँगलियां, बंदरों की-सी चपलता, वही झल्लाहट। गुल्ली कैसी ही हो, पर इस तरह लपकता था, जैसे छिपकली कीड़ों पर लपकती है। मालूम नहीं, उसके माँ-बाप थे या नहीं, कहाँ रहता था, क्या खाता था; पर था हमारे गुल्ली-क्लब का चैम्पियन। जिसकी तरफ वह आ जाए, उसकी जीत निश्चित थी। हम सब उसे दूर से आते देख, उसका दौड़कर स्वागत करते थे और अपना गोइयां बना लेते थे।

एक दिन मैं और गया दो ही खेल रहे थे। वह पदा रहा था। मैं पद रहा था, मगर कुछ विचित्र बात है कि पदाने में हम दिन-भर मस्त रह सकते है; पदना एक मिनट का भी अखरता है। मैंने गला छुड़ाने के लिए सब चालें चलीं, जो ऐसे अवसर पर शास्त्र-विहित न होने पर भी क्षम्य हैं, लेकिन गया अपना दांव लिए बगैर मेरा पिंड न छोड़ता था।

मैं घर की ओर भागा। अनुनय-विनय का कोई असर न हुआ था।

गया ने मुझे दौड़कर पकड़ लिया और डंडा तानकर बोला-मेरा दांव देकर जाओ। पदाया तो बड़े बहादुर बनके, पदने के बेर क्यों भागे जाते हो।

‘तुम दिन-भर पदाओ तो मैं दिन-भर पदता रहूँ?’

‘हाँ, तुम्हें दिन-भर पदना पड़ेगा।’

‘न खाने जाऊँ, न पीने जाऊँ?’

‘हाँ! मेरा दांव दिये बिना कहीं नहीं जा सकते।’

‘मैं तुम्हारा गुलाम हूँ?’

‘हाँ, मेरे गुलाम हो।’

‘मैं घर जाता हूँ, देखूं मेरा क्या कर लेते हो!’

‘घर कैसे जाओगे; कोई दिल्लगी है। दांव दिया है, दांव लेंगे।’

‘अच्छा, कल मैंने अमरूद खिलाया था। वह लौटा दो।’

‘वह तो पेट में चला गया।’

‘निकालो पेट से। तुमने क्यों खाया मेरा अमरूद?’

‘अमरूद तुमने दिया, तब मैंने खाया। मैं तुमसे माँगने न गया था।’

‘जब तक मेरा अमरूद न दोगे, मैं दांव न दूँगा।’

मैं समझता था, न्याय मेरी ओर है। आखिर मैंने किसी स्वार्थ से ही उसे अमरूद खिलाया होगा। कौन निःस्वार्थ किसी के साथ सलूक करता है। भिक्षा तक तो स्वार्थ के लिए देते हैं। जब गया ने अमरूद खाया, तो फिर उसे मुझसे दांव लेने का क्या अधिकार है? रिश्वत देकर तो लोग खून पचा जाते हैं, यह मेरा अमरूद यों ही हजम कर

जाएगा? अमरूद पैसे के पांच वाले थे, जो गया के बाप को भी नसीब न होंगे। यह सरासर अन्याय था।

गया ने मुझे अपनी ओर खींचते हुए कहा-मेरा दांव देकर जाओ, अमरूद-समरूद मैं नहीं जानता।

मुझे न्याय का बल था। वह अन्याय पर डटा हुआ था। मैं हाथ छुड़ाकर भागना चाहता था। वह मुझे जाने न देता! मैंने उसे गाली दी, उसने उससे कड़ी गाली दी, और गाली-ही नहीं, एक चांटा जमा दिया। मैंने उसे दांत काट लिया। उसने मेरी पीठ पर डंडा जमा दिया। मैं रोने लगा! गया मेरे इस अस्त्र का मुकाबला न कर सका। मैंने तुरन्त आँसू पोंछ डाले, डंडे की चोट भूल गया और हँसता हुआ घर जा पहुँचा! मैं थानेदार का लड़का एक नीच जात के लौंडे के हाथों पिट गया, यह मुझे उस समय भी अपमानजनक मालूम हआ; लेकिन घर में किसी से शिकायत न की।

2

उन्हीं दिनों पिताजी का वहाँ से तबादला हो गया। नई दुनिया देखने की खुशी में ऐसा फूला कि अपने हमजोलियों से बिछुड़ जाने का बिल्कुल दु:ख न हुआ। पिताजी दु:खी थे। वह बड़ी आमदनी की जगह थी। अम्माँजी भी दु:खी थीं यहाँ सब चीज सस्ती थीं, और मुहल्ले की स्त्रियों से घराव-सा हो गया था, लेकिन मैं मारे खुशी के

फूला न समाता था। लड़कों में जीत उड़ा रहा था, वहाँ ऐसे घर थोड़े ही होते हैं। ऐसे-ऐसे ऊंचे घर हैं कि आसमान से बातें करते हैं। वहाँ के अंग्रेजी स्कूल में कोई मास्टर लड़कों को पीटे, तो उसे जेहल हो जाए। मेरे मित्रों की फैली हुई आँखें और चकित मुद्रा बतला रही थी कि मुझसे उनकी निगाह में कितनी स्पर्द्धा हो रही थी! मानो कह रहे थे-तू भागवान हो भाई, जाओ। हमें तो इसी ऊजड़ ग्राम में जीना भी है और मरना भी।

बीस साल गुजर गए। मैंने इंजीनियरी पास की और उसी जिले का दौरा करता हुआ उसी कस्बे में पहुँचा और डाकबंगले में ठहरा। उस स्थान को देखते ही इतनी मधुर बाल-स्मृतियाँ हृदय में जाग उठीं कि मैंने छड़ी उठाई और कस्बे की सैर करने निकला। आँखें किसी प्यासे पथिक की भांति बचपन के उन क्रीड़ा-स्थलों को देखने के लिए व्याकुल हो रही थीं; पर उस परिचित नाम के सिवा वहाँ और कुछ परिचित न था। जहाँ खंडहर था, वहाँ पक्के मकान खड़े थे। जहाँ बरगद का पुराना पेड़ था, वहाँ अब एक सुन्दर बगीचा था। स्थान की काया पलट हो गई थी। अगर उसके नाम और स्थिति का ज्ञान न होता, तो मैं उसे पहचान भी न सकता। बचपन की संचित और अमर स्मृतियां बाँहें खोले अपने उन पुराने मित्रों से गले मिलने को अधीर हो रही थीं; मगर वह दुनिया बदल गई थी। ऐसा जी होता था कि उस धरती से लिपटकर रोऊं और कहूँ, तुम मुझे भूल गई! मैं तो अब भी तुम्हारा वही रूप देखना चाहता हूँ।

सहसा एक खुली जगह में मैंने दो-तीन लड़कों को गुल्ली-डंडा खेलते देखा। एक क्षण के लिए मैं अपने को बिल्कुल भूल गया। भूल गया कि मैं एक ऊँचा अफसर हूँ, साहबी ठाठ में, रौब और अधिकार के आवरण में।

जाकर एक लड़के से पूछा-क्यों बेटे, यहाँ कोई गया नाम का आदमी रहता है?

एक लड़के ने गुल्ली-डंडा समेटकर सहमे हुए स्वर में कहा-कौन गया? गया चमार?

मैंने यों ही कहा-हाँ-हाँ वही। गया नाम का कोई आदमी है तो? शायद वही हो।

'हाँ, है तो।'

'जरा उसे बुला सकते हो?'

लड़का दौड़ता हुआ गया और एक क्षण में एक पांच हाथ के काले देव को साथ लिए आता दिखाई दिया। मैं दूर से ही पहचान गया। उसकी ओर लपकना चाहता था कि उसके गले लिपट जाऊँ, पर कुछ सोचकर रह गया। बोला-कहो गया, मुझे पहचानते हो?

गया ने झुककर सलाम किया-हाँ मालिक, भला पहचानूँगा क्यों नहीं! आप मजे में हो?

'बहुत मजे में। तुम अपनी कहो।'

'डिप्टी साहब का साईस हूँ।'

'मतई, मोहन, दुर्गा सब कहाँ हैं? कुछ ख़बर है?

'मतई तो मर गया, दुर्गा और मोहन दोनों डाकिया हो गए हैं। आप?'

'मैं तो जिले का इंजीनियर हूँ।'

'सरकार तो पहले ही बड़े जहीन थे?

'अब कभी गुल्ली-डंडा खेलते हो?'

गया ने मेरी ओर प्रश्न-भरी आँखों से देखा-अब गुल्ली-डंडा क्या खेलूंगा सरकार, अब तो धंधे से छुट्टी नहीं मिलती।

'आओ, आज हम-तुम खेलें। तुम पदाना, हम पदेंगे। तुम्हारा एक दांव हमारे ऊपर है। वह आज ले लो।'

गया बड़ी मुश्किल से राजी हुआ। वह ठहरा टके का मजदूर, मैं एक बड़ा अफसर। हमारा और उसका क्या जोड़? बेचारा झेंप रहा था। लेकिन मुझे भी कुछ कम झेंप न थी; इसलिए नहीं कि मैं गया के साथ खेलने जा रहा था, बल्कि इसलिए कि लोग इस खेल को अजूबा समझकर इसका तमाशा बना लेंगे और अच्छी-खासी भीड़ लग जाएगी। उस भीड़ में वह आनंद कहाँ रहेगा, पर खेले बगैर तो रहा नहीं जाता। आखिर निश्चय हुआ कि दोनों जने बस्ती से बहुत दूर खेलेंगे और बचपन की उस मिठाई को खूब रस ले-लेकर खाएंगे। मैं गया को लेकर डाकबंगले पर आया और मोटर में

बैठकर दोनों मैदान की ओर चले। साथ में एक कुल्हाड़ी ले ली। मैं गंभीर भाव धारण किए हुए था, लेकिन गया इसे अभी तक मजाक ही समझ रहा था। फिर भी उसके मुख पर उत्सुकता या आनंद का कोई चिह्न न था। शायद वह हम दोनों में जो अंतर हो गया था, यही सोचने में मगन था।

मैंने पूछा-तुम्हें कभी हमारी याद आती थी गया? सच कहना।

गया झेंपता हुआ बोला-मैं आपको याद करता हजूर, किस लायक हूँ। भाग में आपके साथ कुछ दिन खेलना बदा था; नहीं मेरी क्या गिनती?

मैंने कुछ उदास होकर कहा-लेकिन मुझे तो बराबर, तुम्हारी याद आती थी। तुम्हारा वह डंडा, जो तुमने तानकर जमाया था, याद है न?

गया ने पछताते हुए कहा-वह लड़कपन था सरकार, उसकी याद न दिलाओ।

'वाह! वह मेरे बाल-जीवन की सबसे रसीली याद है। तुम्हारे उस डंडे में जो रस था, वह तो अब न आदर-सम्मान में पाता हूँ, न धन में।'

इतनी देर में हम बस्ती से कोई तीन मील निकल आये। चारों तरफ सन्नाटा है। पश्चिम ओर कोसों तक भीमताल फैला हुआ है,

जहाँ आकर हम किसी समय कमल पुष्प तोड़ ले जाते थे और उसके झूमक बनाकर कानों में डाल लेते थे। जेठ की संध्या केसर में डूबी चली आ रही है। मैं लपककर एक पेड़ पर चढ़ गया और एक टहनी काट लाया। चटपट गुल्ली-डंडा बन गया।

खेल शुरू हो गया। मैंने गुच्ची में गुल्ली रखकर उछाली। गुल्ली गया के सामने से निकल गई। उसने हाथ लपकाया, जैसे मछली पकड़ रहा हो। गुल्ली उसके पीछे जाकर गिरी। यह वही गया है, जिसके हाथों में गुल्ली जैसे आप ही आकर बैठ जाती थी। वह दाहिने-बाएँ कहीं हो, गुल्ली उसकी हथेली में ही पहुँचती थी। जैसे गुल्लियों पर वंशीकरण डाल देता हो। नयी गुल्ली, पुरानी गुल्ली, छोटी गुल्ली, बड़ी गुल्ली, नोकदार गुल्ली, सपाट गुल्ली सभी उससे मिल जाती थी। जैसे उसके हाथों में कोई चुम्बक हो, गुल्लियों को खींच लेता हो; लेकिन आज गुल्ली को उससे वह प्रेम नहीं रहा। फिर तो मैंने पदाना शुरू किया। मैं तरह-तरह की धांधलियां कर रहा था। अभ्यास की कसर बेईमानी से पूरी कर रहा था। हुच जाने पर भी डंडा खेले जाता था। हालांकि शास्त्र के अनुसार गया की बारी आनी चाहिए थी। गुल्ली पर ओछी चोट पड़ती और वह जरा दूर पर गिर पड़ती, तो मैं झपटकर उसे खुद उठा लेता और दोबारा टांड़ लगाता। गया यह सारी बे-कायदगियां देख रहा था; पर कुछ न बोलता था, जैसे उसे वह सब कायदे-कानून भूल गए। उसका

निशाना कितना अचूक था। गुल्ली उसके हाथ से निकलकर टन से डंडे से आकर लगती थी। उसके हाथ से छूटकर उसका काम था डंडे से टकरा जाना, लेकिन आज वह गुल्ली डंडे में लगती ही नहीं! कभी दाहिने जाती है, कभी बाएँ, कभी आगे, कभी पीछे।

आध घंटे पदाने के बाद एक गुल्ली डंडे में आ लगी। मैंने धांधली की-गुल्ली डंडे में नहीं लगी। बिल्कुल पास से गई; लेकिन लगी नहीं।

गया ने किसी प्रकार का असंतोष प्रकट नहीं किया।

'न लगी होगी।'

'डंडे में लगती तो क्या मैं बेईमानी करता?'

'नहीं भैया, तुम भला बेईमानी करोगे?'

बचपन में मजाल था कि मैं ऐसा घपला करके जीता बचता! यही गया गर्दन पर चढ़ बैठता, लेकिन आज मैं उसे कितनी आसानी से धोखा दिए चला जाता था। गधा है! सारी बातें भूल गया।

सहसा गुल्ली फिर डंडे से लगी और इतनी जोर से लगी, जैसे बन्दूक छूटी हो। इस प्रमाण के सामने अब किसी तरह की धांधली करने का साहस मुझे इस वक्त भी न हो सका, लेकिन क्यों न एक बार सबको झूठ बताने की चेष्टा करूँ? मेरा हरज की क्या है। मान

गया तो वाह-वाह, नहीं दो-चार हाथ पदना ही तो पड़ेगा। अंधेरा का बहाना करके जल्दी से छुड़ा लूँगा। फिर कौन दांव देने आता है।

गया ने विजय के उल्लास में कहा-लग गई, लग गई। टन से बोली।

मैंने अनजान बनने की चेष्टा करके कहा-तुमने लगते देखा? मैंने तो नहीं देखा।

'टन से बोली है सरकार!'

'और जो किसी ईंट से टकरा गई हो?

मेरे मुख से यह वाक्य उस समय कैसे निकला, इसका मुझे खुद आश्चर्य है। इस सत्य को झुठलाना वैसा ही था, जैसे दिन को रात बताना। हम दोनों ने गुल्ली को डंडे में जोर से लगते देखा था; लेकिन गया ने मेरा कथन स्वीकार कर लिया।

'हाँ, किसी ईंट में ही लगी होगी। डंडे में लगती तो इतनी आवाज न आती।'

मैंने फिर पदाना शुरू कर दिया; लेकिन इतनी प्रत्यक्ष धांधली कर लेने के बाद गया की सरलता पर मुझे दया आने लगी; इसीलिए जब तीसरी बार गुल्ली डंडे में लगी, तो मैंने बड़ी उदारता से दांव देना तय कर लिया।

गया ने कहा-अब तो अँधेरा हो गया है भैया, कल पर रखो।

मैंने सोचा, कल बहुत-सा समय होगा, यह न जाने कितनी देर पदाए, इसलिए इसी वक्त मुआमला साफ कर लेना अच्छा होगा।

'नहीं, नहीं। अभी बहुत उजाला है। तुम अपना दांव ले लो।'

'गुल्ली सूझेगी नहीं।'

'कुछ परवाह नहीं।'

गया ने पदाना शुरू किया; पर उसे अब बिल्कुल अभ्यास न था। उसने दो बार टांड लगाने का इरादा किया; पर दोनों ही बार हुच गया। एक मिनिट से कम में वह दांव खो बैठा। मैंने अपनी हृदय की विशालता का परिचय दिया।

'एक दांव और खेल लो। तुम तो पहले ही हाथ में हुच गए।'

'नहीं भैया, अब अंधेरा हो गया।'

'तुम्हारा अभ्यास छूट गया। कभी खेलते नहीं?'

'खेलने का समय कहाँ मिलता है भैया!'

हम दोनों मोटर पर जा बैठे और चिराग जलते-जलते पड़ाव पर पहुँच गए। गया चलते-चलते बोला-कल यहाँ गुल्ली-डंडा होगा। सभी पुराने खिलाड़ी खेलेंगे। तुम भी आओगे? जब तुम्हें फुरसत हो, तभी खिलाड़ियों को बुलाऊं।

मैंने शाम का समय दिया और दूसरे दिन मैच देखने गया। कोई दस-दस आदमियों की मंडली थी। कई मेरे लड़कपन के साथी निकले! अधिकांश युवक थे, जिन्हें मैं पहचान न सका। खेल शुरू हुआ। मैं मोटर पर बैठा-बैठा तमाशा देखने लगा। आज गया का खेल, उसका नैपुण्य देखकर मैं चकित हो गया। टांड़ लगाता, तो गुल्ली आसमान से बातें करती। कल की-सी वह झिझक, वह हिचकिचाहट, वह बेदिली आज न थी। लड़कपन में जो बात थी, आज उसने प्रौढ़ता प्राप्त कर ली थी। कहीं कल इसने मुझे इस तरह पदाया होता, तो मैं जरूर रोने लगता। उसके डंडे की चोट खाकर गुल्ली दो सौ गज की खबर लाती थी।

पदने वालों में एक युवक ने कुछ धांधली की। उसने अपने विचार में गुल्ली लपक ली थी। गया का कहना था-गुल्ली जमीन मे लगकर उछली थी। इस पर दोनों में ताल ठोकने की नौबत आई है। युवक दब गया। गया का तमतमाया हुआ चेहरा देखकर डर गया। अगर वह दब न जाता, तो जरूर मार-पीट हो जाती।

मैं खेल में न था; पर दूसरों के इस खेल में मुझे वही लड़कपन का आनन्द आ रहा था, जब हम सब कुछ भूलकर खेल में मस्त हो जाते थे। अब मुझे मालूम हुआ कि कल गया ने मेरे साथ खेला नहीं, केवल खेलने का बहाना किया। उसने मुझे दया का पात्र समझा। मैंने धांधली की, बेईमानी की, पर उसे जरा भी क्रोध न आया।

इसलिए कि वह खेल न रहा था, मुझे खेला रहा था, मेरा मन रख रहा था। वह मुझे पदाकर मेरा कचूमर नहीं निकालना चाहता था। मैं अब अफसर हूँ। यह अफसरी मेरे और उसके बीच में दीवार बन गई है। मैं अब उसका लिहाज पा सकता हूँ, अदब पा सकता हूँ, साहचर्य नहीं पा सकता। लड़कपन था, तब मैं उसका समकक्ष था। यह पद पाकर अब मैं केवल उसकी दया योग्य हूँ। वह मुझे अपना जोड़ नहीं समझता। वह बड़ा हो गया है, मैं छोटा हो गया हूँ।

पागल हाथी

मोती राजा साहब की सवारी का खास हाथी था। यों तो बादल बहुत ही सीधा और समझदार किस्म का था, पर कभी-कभी उसका मिजाज़ बिगड़ जाता था और वह अपने आपे में न रहता था। उस हालत में उसे किसी बात की सुधि न रहती थी, महावत का दबाव भी न मानता था। एक बार इसी पागलपन में उसने अपने महावत को मार डाला।

राजा साहब ने यह खबर सुनी, तो उन्हें बहुत क्रोध आया। मोती की पदवी छिन गई। राजा साहब की सवारी से निकाल दिया गया। कुलियों की तरह उसे लकड़ियाँ ढोनी पड़ती, पत्थर उठाने पड़ते और शाम को पीपल के नीचे मोटी जंजीरों से बाँध दिया जाता। उसके सामने खाने के लिए सूखी टहनियाँ डाल दी जातीम। उन्हीं को खाकर अपनी भूख की आग बुझाता था।

जब वह इस दशा को पहले की दशा से मिलाता, तो वह बहुत चंचल हो उठता। सोचता – 'कहाँ मैं राजा का सबसे प्यारा हाथी था, कहाँ आज मामूली मजदूर हूँ।' यह सोचकर ज़ोर से चिंघाड़ता और उछलता। आखिर एक दिन उसे इतना जोश आया कि जंजीरे तोड़ डाली और जंगल की तरफ भागा।

थोड़ी ही दूर पर एक नदी थी। मोती पहले उस नदी में जाकर खूब नहाया। फिर वहाँ से जंगल की ओर बढ़ा। इधर राजा साहब के सिपाही उसको पकड़ने के लिए दौड़े, मगर मारे डर के कोई उसके पास जा न सका। जंगल का जानवर जंगल ही में चला गया।

जंगल में पहुँचकर अपने साथियों को ढूंढने लगा। वह कुछ दूर और आगे बढ़ा, तो उसे उसके साथी दिख गये। पर जब उसके साथियों ने उसके गले में रस्सी और पांव में टूटी जंजीर देखी, तो उससे मुँह फेर लिया। उसकी बात तक न पूछी। उनका शायद यह मतलब था कि तुम तो गुलाम थे ही, अब नमकहराम गुलाम हो गए हो। तुम्हारी जगह इस जंगल में नहीं हैं।

जब तक वे आँखों से ओझल न हो गए, मोती वहीं खड़ा ताकता रहा। फिर न जाने क्या सोचकर वहाँ से भागता हुआ महल की ओर चला।

वह रास्ते ही में था कि उसने देखा कि राजा साहब शिकारियों के साथ घोड़े पर चले आ रहे हैं। वह फौरन एक बड़ी चट्टान की आड़

में छिप गया। धूप तेज थी। राजा साहब जरा दम लेने को घोड़े से उतरे। अचानक मोती आड़ से निकल पड़ा और गरजता हुआ राजा साहब की ओर दौड़ा।

राजा साहब घबराकर भागे और एक छोटी झोंपड़ी में घुस गये। जरा देर बाद मोती भी पहुँचा। उसने राजा साहब को अंदर घुसते देख लिया था। पहले तो उसने अपनी सूंड़ से ऊपर का छप्पर गिरा दिया, फिर उसे पैरों से रौंदकर चूर-चूर कर डाला। भीतर राजा साहब का मारे डर के बुरा हाल था, जान बचने की कोई आशा न थी।

आखिर कुछ न सूझी, तो वह जान पर खेलकर पीछे दीवार पर चढ़ गए और दूसरी तरफ कूदकर भाग निकले। मोती द्वार पर खड़ा छप्पर रौंद रहा था और सोच रहा था कि दीवार कैसे गिराऊं। आखिर उसने धोखा देकर दीवार गिरा दी। मिट्टी की दीवार पागल हाथी का धक्का क्या सहती? मगर जब राजा साहब भीतर न मिले, तो उसने बाकी दीवारें भी गिरा दी और जंगल की तरफ चला गया।

घर लौटकर राजा साहब ने ढिंढोरा पिटवा दिया कि जो व्यक्ति मोती को जीता पकड़कर लाएगा, उसे हजार रुपये इनाम दिया जायेगा। कई आदमी इनाम के लालच में उसे पकड़ने गये। मगर उनमें से एक भी न लौटा।

मोती के महावत का एक लड़का था। उसका नाम था मुरली। अभी वह कुल आठ नौ बरस का था। राजा साहब दया करके

उसको और उसकी माँ को कुछ खर्च दिया करते थे। मुरली था तो बालक, पर हिम्मत का धनी था। कमर बाँधकर मोती को पकड़ लाने के लिए तैयार हो गया। मगर माँ ने बहुतेरा समझाया, और लोगों ने भी समझाया, मगर उसने एक न सुनी और जंगल की ओर चल दिया।

जंगल में गौर से इधर-उधर देखने लगा। आखिर उसने देखा कि मोती सिर झुकाये उसी पेड़ की तरफ चला आ रहा हैं। उसकी चाल से ऐसा मालूम होता था कि उसका मिजाज ठंडा हो गया है। ज्यों ही मोती उस पेड़ के नीचे आया, उसने पेड़ के ऊपर से पुचकारा – 'मोती!'

मोती इस आवाज को पहचानता था। वहीं रुक गया और सिर उठा कर ऊपर की ओर देखने लगा। मुरली को पहचान गया। यह वही मुरली था, जिसे वह अपनी सूंड में उठाकर अपने मस्तक पर बैठा लेता था।

'मैंने ही इसके बाप को मार डाला है।' यह सोच कर उसे उस बालक पर दया आई। खुशी से सूंड हिलाने लगा। मुरली उसके मन के भाव को पहचान गया। वह पेड़ से नीचे उतरा और उसकी सूंड को थप क्या देने लगा। फिर उसे बैठने का इशारा किया। मोती बैठा नहीं, मुरली को सूंड से उठाकर पहले की ही तरह मस्तक पर बिठा लिया और राजमहल की ओर चला।

मुरली जब मोती को लिए हुए राजमहल के द्वार पर पहुँचा, तो सबने दांतो तले उंगली दबाई। फिर भी किसी की हिम्मत न होती थी कि मोती के पास जाये। मुरली चिल्लाकर बोला – 'डरो मत। मोती बिल्कुल सीधा हो गया है। ऐसा किसी से न बोलेगा।'

राजा साहब भी डरते-डरते मोती के सामने आये। उन्हें कितना अचंभा हुआ कि वही पागल मोती अब गाय की तरह सीधा हो गया है।

उन्होंने मुरली को एक हजार इनाम दिया ही, उसे अपना खास महावत बना लिया और मोती फिर से राजा साहब का सबसे प्यारा हाथी बन गया।

कुत्ते की कहानी

बालको! तुमने राजाओं और वीरों की कहानियाँ बहुत सुनी होंगी, लेकिन किसी कुत्ते की जीवन-कथा शायद ही सुनी हो। कुत्तों के जीवन में ऐसी बात ही कौन-सी होती है, जो सुनाई जा सके। न वह देवों से लड़ता है, न परियों के देश में जाता है, न बड़ी-बड़ी लड़ाइयाँ जीतता है; इसलिए भय है कि कहीं तुम मेरी कहानी को उठाकर फेंक न दो। किंतु मैं तुम्हें विश्वास दिलाता हूँ कि मेरे जीवन में ऐसी कितनी ही बातें हुई हैं, जो बड़े-बड़े आदमियों के जीवन में भी न हुई होंगी।

इसीलिए मैं आज अपनी कथा सुनाने बैठा हूँ। जिस तरह तुम कुत्तों को दुत्कार दिया करते हो, उसी भांति मेरी इस कथा को ठुकरा न देना। इसमें तुम्हें कितनी ही बातें मिलेंगी और अच्छी बातें जहाँ मिलें, तुरंत ले लेनी चाहिए। जब मेरा जन्म हुआ तो मेरी आँखें

और कान बंद थे। इसलिए नहीं कह सकता कि बाजे-गाजे बजे या नहीं, गाना-बजाना हुआ या नहीं। मुझे तो कुछ सुनाई नहीं दिया। हाँ, जिस बिछावन पर मैं लेटा था, वह रुई की भांति नर्म था। सर्दी जरा भी न लगती थी। मैं दिल में समझ रहा था कि किसी बड़े घर में मेरा जन्म हुआ है, लेकिन जब आँखें खुलीं तो मैंने देखा कि एक भाड़ की राख में अपनी माता की छाती से चिपटा हुआ पड़ा हूँ। हम चार भाई थे। तीन लाल थे। मैं काला था। उस पर सबसे छोटा और सबसे कमजोर।

माता भी हम लोगों के पास कम रहती थीं। उन्हें खाने की टोह में इधर-उधर दौड़ना पड़ता था। वह रात-रात-भर जागकर गाँव की रक्षा करती थीं। क्या मजाल कि कोई अनजान आदमी गाँव में कदम रख सके! दूसरे गाँव के कुत्तों को तो वह दूर ही से देखकर भगा देती थी। जब किसी खेत में कोई सांड़ घुसता, तो उसे दूर तक भगा आतीं, मगर इतना सब-कुछ करने पर भी कोई उन्हें खाने को न देता। बेचारी पेट की आग से जला करती थीं। उस पर हम लोगों की चिंता उन्हें और मार डालती थी। इसीलिए जब भूख सताती, तो कभी-कभी वह चोरी से घरों में घुस जातीं और खाने की जो चीज मिल जाती, लेकर निकल भागतीं। उन्हें देखते ही लोग मारने दौड़ते और घरों के द्वार बंद कर लेते।

एक दिन बड़ी ठंड पड़ी। बादल छा गये और हवा चलने लगी। हमारे दो भाई ठंड न सह सके और मर गये। हम दो ही रह गये।

माताजी बहुत रोयीं, मगर क्या करतीं? गाँव वालों को फिर भी उन पर दया न आयी। आदमी इतने मतलबी और बेदर्द होते हैं, यह मैंने पहली बार देखा।

एक दिन गाँव में उत्सव था। एक बनिए के यहाँ ब्राह्मण-भोज था। सैंकड़ों आदमी जमा थे। पूरियां बन रही थीं। माता जी बार-बार उधर जातीं, पर दुत्कार पाकर भाग आती थीं। किसी को इतनी दया न आती थी कि एक टुकड़ा उनकी ओर फेंक दे। एक टुकड़ा दे देने से कुछ कमी न पड़ जाती, पर यह कौन समझाये? जब सब चीजें तैयार हो गयीं तो आंगन में पत्तल डाल दिए गये। लोग अपने-अपने आसन पर जा बैठे और भोजन परसा जाने लगा। उसी समय माता जी वहाँ पहुँची। माता जी भागीं नहीं, पूंछ हिलाने लगीं और वहीं बैठ गयीं। वह आदमी जब किसी काम से भीतर चला गया तो माता जी भी दबे पांव दालान में जा पहुँचीं। उन्हें देखकर चारों तरफ से धत्-धत् का ऐसा कोलाहर मचा कि माता जी घबरा गयीं। दो-तीन आदमी डंडे लेकर दौड़े। माता जी को अगर दालान से निकल जाने का रास्ता मिलता, तो वह उधर से बाहर निकल जातीं, लेकिन उधर लोग डंडे लिए खड़े थे। इसलिए माता जी बैठे हुए आदमियों के बीच से होकर मोरी के रास्ते बाहर निकल आयीं। मगर तमाशा तो देखिए कि माताजी के बाहर निकलते ही भोजन करने वाले भी उठ खड़े हुए। जानते हो क्यों? माता जी के उधर से निकलने के कारण भोजन भ्रष्ट हो गया। विचार होने लगा कि क्या किया जाये? बेचारा

बनिया फूट-फूटकर रोने लगा। कुछ लोग कहते थे – इसमें दोष ही क्या है? कुतिया ने पत्तलों में मुँह तो डाला नहीं; छूने से क्या होता है? किंतु जो बहुत कुलीन थे, वे कुतिया का बीच से निकल जाना ही भोजन को भ्रष्ट करने के लिए काफी समझते थे। आखिर इन्हीं कुलीनों की जीत हुई और सारा भोजन गरीबों में बांट दिया गया। उस दिन माता जी ने खूब पेट-भर खाया। ऐसा सुख उन्हें जीवन में कभी न मिला था। लेकिन उस बेचारी के भाग्य में सुख लिखा ही न था। भोजन करके जरा लेटी ही थीं कि बनिया डंडा लिए आ पहुँचा और लगा पीटने। माता जी को भागने का अवसर न मिला। जोर-जोर से चिल्लाने लगीं। उनका विलाप सुन पत्थर भी पसीज जाता, पर उस निर्दयी को जरा भी दया नहीं आयी। मैं मन में कुढ़ रहा था। अपना कुछ वश होता, तो बनिए राम को इस बेदर्दी का मजा चखा देता। लेकिन जरा-सा बच्चा क्या करता! बस, यह विलाप सुनकर कुछ लोग जमा हो गये और समझाने लगे, "जाने दो भाई, भूख में तो आदमियों बुद्धि भी भ्रष्ट हो जाती है, यह तो पशु है! इसे क्या मालूम, किसका फायदा हो रहा है, किसका नुकसान! अब तो जो हो गया, सो हो गया! इसे मारकर क्या पाओगे?" बनिये के चित्त में यह बात बैठ गयी और माता जी की जान छूटी।

उसी दिन शाम को एक बटोही गाँव में आकर ठहरा। उसने एक पेड़ के नीचे उपले जलाये और हाँडी में दाल चढ़ाकर आटा गूंधने लगा। आटा गूंध चुकने पर उसने हाँडी उतार दी और सामने

के कुएं पर पानी लेने चला गया। गूंधा आटा पत्तल पर रखा हुआ था। इतने में माता जी घूमती हुई वहाँ पहुँच गयीं और शायद यह समझकर कि आटे का कोई मालिक नहीं, वह खाने लगीं। मुसाफिर ने कुएं पर से ही धत्-धत् करना शुरू किया, लेकिन माता जी ने फिर भी न देखा। बेचारा माथे पर हाथ धरकर रोने लगा। आज तीन दिनों का भूखा, थका-माँदा, उस पर भगवान की यह लीला! दो-तीन आदमियों ने समझाया, "भाई, तुम्हारा तो चार छः आने का नुकसान हुआ, कल तो इसने हजारों पर पानी फेर दिया।" मुसाफिर ने कहा, "मैं क्या जानता था कि चांडालिन घात में बैठी हुई है!" बूढ़े चौधरी बोले, "जान पड़ता है, आज का तुम्हारा भोजन उसी के भाग्य में था। मसल है – 'शाह की मुहर आने-आने पर, खुदा की मुहर है दाने-दाने पर।' फिर से बनाकर खा लो।" बेचारे मुसाफिर ने फिर से चौका लगाया और भोजन बनाने लगा। चौधरी वहीं बैठे रहे। मुसाफिर ने पूछा, "बाबा, मैं आपकी उस कहावत का मतलब नहीं समझा! जरा समझा दीजिए।" चौधरी बोले, "एक फकीर यही कहकर सबके दरवाजे पर भीख माँगता फिरता था – 'शाह की मुहर आने-आने पर, खुदा की मुहर दाने दाने पर'।" "एक मनचले रईस ने उस फकीर से कहा – 'साईं, यह बात समझ में नहीं आती, भला दानों पर कैसी मुहर।' "साईं ने कहा – 'नहीं बेटा, खुदा जिसको जो दाना देना चाहेगा, वही पा सकता है। दूसरा हरगिज नहीं पा सकता। इसकी जब चाहो तब परीक्षा कर सकते हो'।" "रईस ने कहा – 'लीजिए, मैं अभी परीक्षा लेता हूँ। अगर

यह बात सच निकली तो मैं आपका गुलाम हो जाऊँगा'।" "रईस ने ज्वार का एक दाना हाथ में लिया और कहा – 'देखिए, मैं इसे अपने मुँह में डालता हूँ। अगर खुदा की इस पर मुहर है, किसी और को दे दें'।" "यह कहकर उसने दाने को अपने मुँह में फेंका, पर दाना मुँह में न जाकर जमीन पर गिर पड़ा और एक चिड़िया उठाकर ले गयी। "रईस भौंचक्का-सा रह गया। बस, आप भी याद रखिए कि न तो कोई किसी को खिलाता है, और न किसी का खाता है। सबको खिलाने वाला ईश्वर है।"

2

जब हम दोनों भाई जरा बड़े हुए तो लड़कों ने हमें खिलाना शुरू किया। मैं बहुत खूबसूरत था। मुझे एक पंडित जी का एक लड़का पकड़ लाया। मेरे भाई को एक डफाली का लड़का पकड़ ले गया। मैं पंडित जी के घर पलने लगा। मेरा भाई डफाली के घर। उसे जकिया कहते थे और मुझे कल्लू। जाड़े का मौसम था। जब सब लड़के धूप में जमा हो जाते, तो हमें गोद में ले लेते और चूमते। कोई कहता-हमारा बच्चा है। कोई कहता हमारा मुन्ना है। कोई लड़का एक कान पकड़कर उठाता और कहता-देखो भाई, चोर है या साह? जब तक कान दर्द न करते, मैं न बोलता। बस, सब कहने लगे-फेंको-फेंको, चोर है। मगर जब कान दुखने से चिल्ला उठता, तो सब साह-साह कहकर हँस पड़ते। प्रायः यह खेल सैंकड़ों बार

होता। कोई हमारे अगले पैरों को उठाकर कहता-"मेरा मुन्ना दो पैर से चलता है।" यों चलाये जाने से हमारे पैर दर्द करने लगते थे, पर करते क्या? कभी-कभी छोटे-बड़े लड़के छोटे बच्चों को मेरी पीठ पर बिठाकर कहते-मेरा लल्लू हाथी पर बैठा है। भला मैं उन लड़कों का बोझ क्या उठाता! जब चिल्लाने लगता, तो जान बचती। कोई-कोई लड़के तो मेरे गले में रस्सी बांधकर दौड़ाते! भला मैं उनके बराबर कैसे दौड़ता? लेकिन वे अपनी धुन में मुझे घसीटते हुए ले जाते थे, इससे सारा बदन दुखने लगता था, मगर मुझ गरीब का वहाँ कौन मददगार बैठा था! कभी-कभी लड़के मुझे पास वाले गड्ढे में डाल देते और मेरी तैराकी का तमाशा देखते। जब मैं बाहर निकलने के लिए छटपटाने लगता, तो लड़के हँस-हँसकर कहते – "देखो, कल्लू कैसा तैरता है!"

उस समय मैं डूबने-डूबने को हो जाता था। पांव जोर-जोर से चलाता हुआ किसी तरह किनारे आ जाता और मारे ठंड़ के कांपने लगता। जब धूप लगने से देह में कुछ गर्मी आती तो कोई शैतान लड़का बोल उठता – "अबकी मेरी बारी है।"

सुनते ही मेरी जान-सी निकल जाती, मगर भागकर जाता कहाँ? कोई फिर पानी में डाल देता। क्या बतलाऊं कि उस समय किसना गुस्सा आता। बारबार यही जी में आ जाता था कि कोई इन दुष्टों को भी इसी तरह डुबकियाँ देता, तो इनकी आँखें खुलतीं।

हम दोनों में से सुखी तो एक भी न था, पर जकिया की दशा मेरी दशा से अच्छी थी। पंडित जी के यहाँ मुझे रूखा-सूखा भोजन मिलता था और वह भी बहुत कम। इसलिए मुझे दूसरे द्वारों का चक्कर लगाना पड़ता था। डफाली मांस का प्रेमी था। रोजाना उसके घर माँस पका करता था, इसलिए जकिया को काफ़ी भोजन मिल जाता था। उसे किसी दूसरे दरवाजे पर जाने की जरूरत नहीं पड़ती थी। कुछ तो बेफिक्री और कुछ पूरी खुराक मिलने की वजह से वह दिन-दिन ताकतवर और तंदुरुस्त बनने लगा। मैं कभी-कभी। सोचता–आखिर जकिया भी अपना ही खून है, उससे आरजू-मिन्नत करूँगा तो जरूर कुछ-न-कुछ दे देगा। फिर उसका कोई नुकसान भी तो नहीं है। मैं उसके खाने में हिस्सा लेना नहीं चाहता था, केवल उसकी जूठन चाहता था, पर वह मेरी परछाई देखते ही गुर्राकर मुझ पर ऐसा झपटता, जैसे मैं उसका दुश्मन हूँ। वह था मुझसे ताकतवर, इसलिए मैं उसका सामना न कर सकता था। वह दांतों से मुझे खूब काटता और नीचे गिराकर पेजों से खसोटता। जब मैं जोर से चिल्लाने लगता और पूँछ सिकोड़ लेता, तब कहीं जान बचती थी। उठकर ज्यों ही भागना चाहता कि डफाली कह उठता, "पंडित का भग्गू कुत्ता वह भागा! वह भागा!"

इस पर मुझे बहुत ग्लानि होती थी। मैं फिर जाकर जकिया से उलझ पड़ता और इतनी मुस्तैदी देखकर देखने वाले कहते, "वाह कल्लू! वाह! शाबास!"

इससे तबीयत और भड़क जाती थी, और भी जोर लगाता, लेकिन आज मुझे भागना ही पड़ता था। तब सब तालियाँ बजाकर मुझ पर हँसने लगते। जोश ठंडा होने पर देखता तो लहूलुहान हो गया हूँ। महीनों में जाकर कहीं घाव अच्छे होते थे। घाव अच्छा होने पर यही जी चाहता कि चलकर जकिया को पछाड़ूं और पंडित जी की बदनामी मिटाऊं। मगर अपनी हालत देखकर रह जाता।

एक दिन मैं जान पर खेलकर जकिया से उलझ पड़ा। वह भी पूरे जोश के साथ मुझसे लड़ने लगा। संयोग से पंडित जी भी वहाँ पहुँच गये। उनके पहुँचते ही और लोगों ने कहा, "कल्लू भग्गू कुत्ता है, कभी भी जकिया का सामना नहीं कर सकता।" इस पर मैंने देखा कि पंडित जी का चेहरा फीका पड़ गया है। तब तो मैंने निश्चय कर लिया कि आज चाहे जान रहे या जाये, मगर जकिया को जरूर पछाड़ूंगा। कुछ ऐसे जीवट से लड़ा और ऐसे दांव-पेंच खेला कि बच्चे जकिया को छठी का दूध याद आ गया। देखने वाले कहने लगे कि भई, आज तो कल्लू ने कमाल कर दिया! ठीक है, मालिक को देखकर उसकी छाती बढ़ती है। जकिया डफाली को देख-देखकर ही इसे रोज पछाड़ता था। आज पंडित जी को देखकर कल्लू ने नीचा दिखाया। मैंने देखा – पंडित जी का चेहरा उस समय खिल उठा था, मानो मैंने उनकी लज्जा रख ली। अब उन्होंने मेरी खुराक कुछ बढ़ा दी। उधर जकिया पर डफाली और भी तवज्जह करने लगा।

एक दिन की बात है कि माता जी डफाली के दरवाजे पर पहुँच गयीं। उस समय जकिया वहाँ मौजूद न था। डफाली ने माता जी की दीन दशा देखकर एक टुकड़ा फेंक दिया। ज्यों ही माता जी टुकड़ा उठाने को आगे बढ़ी कि जकिया पहुँच गया और माता जी पर टूट ही तो पड़ा। संयोग से वहीं पर मैं भी पहुँच गया। फिर क्या था! जकिया से जान बचाकर माता जी मुझसे भिड़ गयीं। मैं तो उन पर वार करना नहीं चाहता था, लेकिन वह पूरी ताकत से मुझ पर वार करने लगीं। उस समय मुझे बड़ी हँसी आती थी। पेट भी क्या चीज है! इसके लिए लोग अपने-पराये को भूल जाते हैं। नहीं तो अपनी सगी माता और अपना सगा भाई क्यों दुश्मन हो जाते? यह तो हम जानवरों की बातें हैं। मनुष्यों की ईश्वर जाने!

3

मेरे पंडित जी के घर अनाज बहुत होता था। घर कच्चा था, और चूहों ने अपना अड्डा जमा लिया था। उनके उपद्रव से घरवालों का नाकों दम था। वे लोग चाहते थे कि चूहेदानी लगाकर इनका सर्वनाश कर दिया जाये। मगर पंडित जी यह कहकर टाल देते थे कि चूहे गणेश जी के वाहन हैं। इन्हें तकलीफ नहीं देनी चाहिए। इनके खाने से कितना अनाज कम हो जायेगा? उनका विश्वास था कि चूहे जितना गल्ला नुकसान करते हैं, उसका चौगुना श्रीगणेश जी की दया से उपज में बढ़ जाता है। इसलिए जब वह किसी को चूहेदानी लगाते

देखते, तो उससे पचासों बातें कहते। पंडित जी की धाक लोगों पर खूब बैठ गयी। जब कहीं देवताओं की भक्ति की चर्चा होती, तो पंडित जी का नाम पहले लिया जाता था। कैसे सज्जन हैं कि इतना नुकसान सहने पर भी चूहों को नहीं मारते! नहीं तो लोग आदमी की जान तक ले लेते हैं। जब तक चूहे अनाज की लूट मचाते रहे, तब तक तो पंडित जी अपनी प्रतिज्ञा पर डटे रहे, लेकिन जब उनके वार कपड़े-लत्ते पर भी होने लगे, तो उनके आसन डोल गये। जाड़ों के कपड़े कुछ संदूकों में रखे हुए थे, कुछ अलगनियों पर। गर्मियों में किसी ने उसका परवाह नहीं की। बरसात में जब उन्हें धूप में डालने के लिए निकाला गया, तो सारे कपड़े कुतरे पड़े थे। उन्होंने लकड़ी का संदूक तक काट डाला था। पंडित जी की आँखों में खून उतर आया। चूहों ने एक-एक चीज में हजारों छेद कर दिये थे। दो-ढाई सौ रुपये पर पानी फिर गया था। अब तो पंडित जी ने ठान लिया कि जैसे भी होगा, इन चूहों का सवर्नाश करके ही छोड़ेगा। उसी दिन एक बिल्ली पाली और तीन-चार चूहेदानियाँ मँगवाईं। फिर क्या था! रोजाना चूहे फंसने लगे। मुझे भी विनोद का मसला मिल गया। यों तो मैं पूरा शाकाहारी हो गया था, क्योंकि विशेष अन्न-जल खाना-पीना पडता था। माँसपर रुचि ही न होती थी; लेकिन शिकार खेलने में बडा मजा आता था। मजा क्यों न आता, यह तो मेरी खानदानी बात थी। जब पंडित जी चूहेदानी खोलते, उस समय कल्लू-कल्लू पुकारते। मैं कहीं पर भी होता, तीर की तरह वहाँ पहुँच जाता था। उस समय मैं खिलवाड़ करता था, वह देखने

ही लायक होता था। चूहों को खिलाखिलाकर जान से मार डालता था, पर खाता न था। मगर भाई जकिया रोज माँसखाता। वह भी उस शिकार में शामिल हो जाता था और कभी-कभी माता जी भी पहुँच जाती थीं। उन दिनों उनका खूब पेट भरने लगा। फिर तो माँ मन-ही-मन हम लोगों को आशीर्वाद देने लगीं। शायद उन्हें पिछले बच्चों की याद भी आने लगी हो। यदि वे भी जीते होते, तो उनकी खूब सेवा करते। भाई साहब के जी में आता तो दो-एक चूहों को पेट में रख लेते। मगर मैं तो बाबा कालभैरव जी की शपथ खाकर कहता हूँ कि खाने के लिए सूंघता भी न था। उस समय चूहों की जान लेने में हम लोगों को जरा भी दया न आती थी। यह ख्याल भी न होता था कि इनमें भी जान है। अब मैं सोचता हूँ, तो मालूम होता है कि बच्चे जो हम लोगों को अपने विनोद के लिए कष्ट देते थे, यह कोई निर्दयता का काम नहीं करते थे। विनोद में इन सब बातों पर ध्यान ही नहीं दिया जाता। पंडित जी बहुत खुश होते, जब हम लोग चंद मिनटों में पचासों चूहों को सदा के लिए बेहोश कर देते।

4

जिस गड्ढे में फेंक-फेंककर मुझसे लड़के खेलते थे, उसी में गाँव के सभी छोटे-बड़े नहाते-धोते थे। गड्ढा था भी बहुत गहरा। इसीलिए बारहों महीना पानी भरा रहता था। कच्चा होने पर भी उसका पानी स्वच्छ था। पंडित जी की स्त्री अपने छोटे बच्चे को रोजाना सावधान

करती थीं कि खबरदार! उस गड्ढे की ओर कभी न जाना, नहीं तो डूब जाओगे। प्रायः सभी माँ-बाप अपने बच्चों को ऐसी चेतावनी देते रहते, मगर लड़के कब मानने लगे? माँ-बाप की नजरें बचाकर गड्ढे पर पहुँच ही जाते और तरह-तरह के खेल खेलते। कोई पानी में कत्तल फेंकता, कोई मेंढकों पर निशाना लगाता, कुछ सयाने लड़के पानी में कूद जाते और तैरने का अभ्यास करते। होनहार को कौन रोक सकता है? गाँव के कुछ लड़के गड्ढे में तैर रहे थे। पंडित जी का छोटा लड़का भी पहुँच गया। पहले तो वह किनारे पर ही खेलता रहा, मगर उसके जी में क्या आया कि जरा मैं भी तैरूं। आगे बढ़ा ही था कि पांव फिसल गये और डूबने लगा। सब लड़के घबराकर चिल्लाने लगे, "लड़का डूबा, लड़का डूबा!" मगर किसी की निकालने की हिम्मत न पड़ती थी। अगर कोई सयाना होता तो कुछ कोशिश भी करता। यों तो डूबते हुए को निकालने में सभी डरते हैं। डूबने वाला बचाने वाले को इस तरह पकड़ लेता है कि दोनों डूबने लगते हैं। इस काम के लिए बहुत होशियार आदमी की जरूरत होती है। यही बात वहाँ भी हुई। पंडित जी का बड़ा लड़का संयोग से नहाने आ रहा था। भाई को डूबते देखा तो तुरंत कूद पड़ा। पर छोटे लड़के ने बड़े लड़के को इस प्रकार पकड़ लिया कि दोनों डूबने लगे। फिर तो लड़कों ने और भी शोर मचाया। बात की बात में गाँव -भर में शोर मच गया, "रामू और श्यामू दोनों डूब रहे हैं, चलो निकालो, नहीं तो एक भी न बचेगा!" चंद मिनटों में गड्ढे पर मर्दों और औरतों की भीड़ लग गयी। पर कूदने में सब पसोपेश

कर रहे थे। इतने में मैं भी वहाँ पहुँच गया। सारी बातें झट समझ में आ गयीं। तुरंत पानी में तीर की तरह घुसा। उस समय प्रायः दोनों लड़के चूब चुके थे। सिर्फ जरा-जरा बाल दिखाई पड़ रहे थे। मैंने दातों से उनके बाल पकड़ लिए और पलक मारते किनारे पर खींच लाया। लोग मेरा यह साहस देखकर दंग रह गये। पंडित जी उस समय किसी काम से बाहर गये थे। संयोग से वह भी उसी समय आ गये थे और आदमियों की भीड़ देखकर बाहर-ही-बाहर वहाँ पहुँच गये। क्षण-भर में उन्हें सब बातें ज्ञात हो गयीं। फिर तो उन्होंने मुझे उठाकर छाती से लगा लिया। पंडित जी के आने से पहले ही लोगों ने लड़कों के पेट से पानी बाहर कर दिया था। वे स्वस्थ हो गये थे। अब तो गाँव-भर में मेरी खूब तारीफ होने लगी, "यह कुत्ता पूर्व-जन्म का कोई देवता है; किसी बात से चूका और कुत्ते का जन्म पा गया।" कोई कहता, "नहीं, पर इस पर भैरवनाथ का अवतार है। देवताओं की इच्छा ही तो है, जिस पर रीझ जायें।" उस दिन से पंडित जी मुझे अपनी जान से अधिक प्यार करने लगे। अब मुझे पेट के लिए किसी दूसरे के दरवाजे पर नहीं जाना पड़ता था। उस समय जकिया भी वह न मौजूद था। उसकी मूर्खता तो देखिए, जिस समय लड़कों को निकालकर मैं बाहर आ रहा था, वह बड़े कर्कश स्वर में भौं-भौं चिल्ला रहा था। इस पर कुछ लोगों ने उसे ठेले मार कर भगा दिया। ठीक ही था, कहाँ तो घबराये हुए लोग लड़कों की जान बचाने की कोशिश कर रहे थे, कहाँ यह व्यर्थ चिल्ला रहा था!

डफाली उसकी यह हरकत देखकर चिढ़ गया। चिढ़ता क्यों न? उसकी तो यह उम्मीद थी कि उसका कुत्ता कभी नाम करेगा। उसने उसे खिलाने-पिलाने में कोई कसर न रखी थी। मगर वहाँ पर सबके मुँह से जकिया के लिए दुरदुर निकल रहा था। उसी दिन से न जाने क्यों वह मुझसे विशेष प्रेम करने लगा। कहा देखता, उठा लेता और घंटों तक मेरी गर्दन सहलाता! उस पर उसे मैं धन्यवाद देना चाहता था, पर सिवा पूँछ हिलाने के और क्या कर सकता था! अब उसकी आँख जकिया की ओर से धीरे-धीरे फिरने लगी थी। मैं अपने भाई से बैर नहीं करना चाहता था, लेकिन जकिया मेरी जान का दुश्मन हो गया। जहाँ देखता, मुझसे भिड़ जाता। मजबूत था ही, मुझे हार माननी पड़ती।

5

अब पंडित जी जो कुछ लाते, उसमें अपने लड़कों की तरह मेरा भी हिस्सा लगाते। मैं भी हर वक्त पंडित जी के साथ-ही-साथ रहता था। वह किसी काम से बाहर जाते तो मुझे बहुत दुख होता। जब वह लौटकर आ जाते तो पूंछ हिला-हिलाकर नाचने लगता। इससे शायद वह भी खिल उठते, क्योंकि उनके चेहरे पर प्रसन्नता की एक गहरी झलक दिखाई पड़ती थी। एक दिन पंडित जी के मटर के खेत में एक गड़रिये की भेड़ें पड़ गयीं। पंडित जी ने देखा तो उसे डांट दिया। कुछ दिनों बाद गड़रिये ने फिर वही शरारत की। अब के पंडित जी ने डांट-फटकार के बाद दो-तीन थप्पड़ भी जमा दिए।

मैंने समझा कि गड़रिया अब ऐसी भूल न करेगा, मगर दो-तीन दिन के बाद उसने फिर अपनी भेड़ें पंडित जी के खेत में डाल दीं। उस दिन पंडित जी को बहुत गुस्सा आया। उन्होंने उसे जमीन पर पटककर लातों और घूसों से खूब मारा। मैंने भी गुस्से में आकर उसे खूब काटा, नोचा। उस दिन तो गड़रिया चला गया, दूसरे दिन से वह मेरी खोज में रहने लगा। मुझे पंडित जी के साथ देखता तो होंठ चबाकर रह जाता। मैं भी ताड़ गया था कि यह मुझे अकेला पाते ही अवश्य वार करेगा, इसलिए मैं पंडित जी का साथ कभी भूलकर भी न छोड़ता था। अब गड़रिये की भेड़ें पंडित जी के खेत में कभी न पड़ती थीं। गड़रिया अब बदला लेने पर तुला हुआ था।

एक दिन की बात सुनो – पंडित जी की ईख की खेती बहुत अच्छी थी। गाँव वाले अक्सर कहा करते थे कि इस साल पंडित जी सबसे बाजी मार ले जायेंगे। गड़रिये ने सोचा, "इस खेत में आग लगा दो, सारी कसर निकल जायेगी।" आधी रात के समय खेत पर पहुँच ही तो गया। बच्चू यह नहीं जानता था कि यहाँ पर भी मेरा ही पहरा रहता था। ज्यों ही आग की चिंगारी ईख में फेंककर उसने भागने का विचार किया कि मैंने झपटकर उसके पाँव पकड़ लिए। वह अचकचाकर गिर पड़ा। क्यों न गिर पड़ता, चोरों का कलेजा ही कितना! बच्चू ने भागने की बहुत कोशिश की, मगर एक न चली। खैरियत यह थी कि खेत गाँव से थोड़ी ही दूरी पर था। एकाएक ज्वाला उठी, तो गाँव वाले झटपट पहुँच गये। मुझे गड़रिये का पैर

पकड़े देखकर लोग समझ गये कि यह इसी की बदमाशी है। जो आता, गड़रिये की पूजा (पिटाई) करके ही आग बुझाने जाता। उस बदमाश की ऐसी मरम्मत हुई कि मरने को हो गया। इतने पर भी लोगों को संतोष न हुआ। सलाह हुई कि इसे थाने ले चलो, मगर पंडित जी ने उसे यों ही छोड़ दिया। लोगों से कहा, "जब तक ईश्वर न बिगाड़ेगा, आदमी कुछ नहीं कर सकता। मसल है जाको राखे साइयां मार सके हैं न कोय।" गाँव वालों को पंडित जी के इस व्यवहार पर बड़ा आश्चर्य हुआ, क्योंकि ऐसी दशा में उसे पूरा दंड दिलाये बिना कोई भी न छोड़ता। मैं तो कहता हूँ कि यदि सब ईख जल गयी होती और गड़रिया पकड़ लिया जाता तो पंडित जी जीता न छोडते, मगर यहाँ तो दयालुता का सिक्का जमाना था। क्यों न क्षमा कर जाते!

उस दिन से पंडित जी मुझसे और प्रेम करने लगे। सारे गाँव पर मेरी धाक बंध गयी, लेकिन वह नर-पिशाच इसी फिक्र में रहता कि कब इसका अंत कर दूँ। रात-दिन मेरी ही खोज में रहता, मगर ईश्वर की दया से मेरा बाल भी बांका न कर सका। आखिर उसे एक तरकीब सूझ गयी। वह जकिया को खूब खिलाने पिलाने लगा। पहले तो डफाली ने जकिया को अपने घर से प्रायः निकाल ही दिया था। कभी-कभी दूसरे कुत्तों की तरह उसे भी कौर दे देता था। बात यह थी कि एक दिन एक पुलिस का आदमी उस डफाली के दरवाजे पर रात को गश्त करने आया था। उस समय जकिया

ने उसे काट खाया था। पुलिस के आदमी ने डफाली को बहुत तंग किया था, तभी से डफाली को जकिया से घृणा हो गयी थी। उसकी तो ऐसी इच्छा हो गयी थी कि जकिया दरवाजे पर भी न रहे, मगर बहुत दिनों की मुहब्बत के सबब से उसे कुछ-न-कुछ देना ही पड़ता था। जकिया ताकतवर तो बहुत था, मगर उसे भले-बुरे का ज्ञान न था। कभी चाहता, बेसुरा राग छेड़ देता। गुण उसमें यही था कि वह मजबूत बहुत था। क्या मजाल कि कोई दूसरे गाँव का कुत्ता आ जाये! गीदड़ों की तो उसे देखते ही नानी मर जाती थी। हिरन और नीलगाएं जो पहले खेत तहस-नहस कर देते थे, अब गाँव में आने का नाम न लेते। एक बंदर ने गाँव में बड़ा उत्पात मचा रखा था। बच्चों के हाथ से रोटी छीन लेता, औरतों को रास्ते में रोक लेता और जो कुछ उनके पास होता, वह लिए बिना पिंड न छोड़ता। लोगों को राह चलना मुश्किल हो गया था। गाँव-भर की खपरैल उलट दी थी। जकिया ने उसे ऐसा झंझोड़ा कि बच्चू ने फिर सूरत ही न दिखाई। हाँ, तो गड़रिये ने जकिया को इसी इरादे से खिलाना-पिलाना शुरू किया कि वह मुझसे बदला ले। मगर जकिया भी छंटा हुआ था। जो हमेशा मछली और माँस का आदी था, वह भला रूखे-सूखे सत्तू पर कैसे टिक सकता? गड़रिये की आँख बचाकर भेड़ों पर हाथ साफ करता। इस पर एक दिन गड़रिये ने उसे बाँधकर खूब पीटा। तब से जकिया उसके यहाँ से भाग गया। अब वह किसी का नहीं था। कहलाता तो था डफाली वाला कुत्ता, मगर डफाली से उसका कुछ भी संबंध न था।

अब गड़रिये ने निश्चय किया कि जैसे भी होगा, मुझे जान से मार डालेगा, चाहे उसकी जान रहे या जाये। एक दिन उक कमबख्त ने जान पर खेलकर वार कर ही तो दिया। बात यह थी कि पंडित आँख जी मंदिर में पूजा कर रहे थे और मैं नीचे बैठा झपकी ले रहा था। पंडित जी आँख मूंदकर शिवजी का ध्यान कर रहे थे। गड़रिये ने पूरी ताकत के साथ एक लाठी जमा ही दी! लाठी ऐसी घात से लगी कि मेरे से एक मुँह चीख निकल गयी। फिर मुझे कोई खबर न थी कि मैं कहाँ हूँ। जब होश आया तो अपने को जानवरों से अस्पताल में पाया। कुछ दिनों में अच्छा होकर अस्पताल से चला आया, मगर मेरी कमर बहुत कमजोर हो गयी थी। तब-तब पूर्वी हवा चलती, जान ही निकल जाती थी। पीछे पंडित जी से पता लगा कि वह मेरी उस चीख को सुनकर पूजा छोड़ बाहर निकल आये और देखा कि गड़रिया दूसरा वार करना चाहता है। झट दौड़कर उसे पकड़ लिया और उसकी लाठे से उसे खूब पीटा। तब उसका चालान कराके छः महीने के लिए सजा करवा दी। फिर तो जेल में उसकी जो दुर्गति या सुगति हुई होगी, उसका अनुभव तो वही करेगा जो कभी जेल गया होगा। ये सब बातें पंडित जी अपने मित्रों से कहते थे तो मैं सुनता था। उस समय से पंडित जी पर मुझे बहुत ही गर्व रहने लगा। मेरा विश्वास था कि पंडित जी के रहते मुझे किसी प्रकार का कष्ट न होगा। कभी मैं पछताता कि आदमी क्यों न हुआ?

मेरी माता जी की दशा दिन-दिन खराब होती जाती थी। भूख, चिंता, मार, इन सब कारणों ने मिलकर उन्हें पागल बना दिया। एक खंडहर में अकेली पड़ी रहतीं। मैं एक बार उन्हें देखने गया था। मुझ पर इतनी तेजी से झपटीं कि मैं भाग न जाऊँ तो मुझे जरूर काट खायें। उधर से लोगों ने आना बंद कर दिया। संयोग की बात, गड़रिया उसी दिन सजा भुगतकर निकला था। एकाएक उसी दिन रास्ते में माता जी मिल गयीं और उसके बहुत बचाने पर भी काट खाया। माता जी के दांतों में इतना विष था कि दो-तीन दिनों में गड़रिया मर गया। किसी की मृत्यु पर खुश होना, चाहे वह अपना कट्टर शत्रु ही क्यों न हो, बुरी बात है, मगर मैं उछलने लगा। गड़रिया के मरने से मुझे बहुत खुशी हुई। अब मेरा कोई वैरी न था। मगर इस खुशी ने मुझे जितना हँसाया, उतना ही उस खबर ने रुलाया भी कि उसके दो-तीन दिन बाद पुलिस ने माता जी को गोली मार दी। मैं कई दिन तक दुखी रहा। भला संसार में ऐसा कौन होगा, जिसे माता के मरने का मार्मिक शोक न हो? अब जकिया के सिवा कोई मेरा सगा न रह गया था। उस समय कभी-कभी मैं सोचता – देखें हम दोनों का अंत कैसा होता है। यद्यपि उस समय मैं खाने-पीने से सुखी था और जकिया दुखी, मगर संतोष इतना ही था कि कहने को भाई तो है। कभी उसके भी दिन फिरेंगे! पहले उसने सुख भोगे, मैंने दुख झेले। अब मैं सुख भोग रहा हूँ, और वह दुख। किसी के दिन बराबर नहीं जाते। जब कभी जकिया पंडित जी के

दरवाजे पर आता तो मैं कभी चिढ़ता न था। वह तो डरता था कि कहीं यह बदला न ले, मगर मैं वहाँ से टल जाता कि वह निश्चिंत होकर खा ले। कभी-कभी मुझे अधिक भोजन मिल जाता तो मैं मुँह में रखकर जकिया के पास पहुँचा देता। वह दिखावे में तो प्रसन्न रहता, मगर दिल में मुझसे बराबर जला करता।

6

अंधेरी रात थी, पंडित जी के घर के सभी लोग कहीं रिश्तेदारी में गये थे। घर पर मैं और पंडित जी ही थे। पंडित जी तो खर्राटे की नींद ले रहे थे, मगर मुझे नींद कहाँ? बार-बार घर का चक्कर लगाता रहता। चोरों ने समझा – आज सन्नाटा है। उन्होंने घर के नौकर से सारा भेद ले लिया था। मैं आहट पाकर पिछवाड़े गया तो देखा कि एक दरवाजा खुला हुआ है और कुछ आदमी वहाँ खड़े होकर चौकन्नी आँखों से इधर-उधर देखते हुए धीरे-धीरे बातें कर रहे हैं। मैं उनकी बात न सुन सकता था, क्योंकि वहाँ से दूर था। थोड़ी देर में देखा – कोई भीतर से थाली-लोटा, संदूक वगैरह निकाल-निकालकर बाहर के आदमियों को दे रहा है। अब तो सब बातें मेरी समझ में आ गयीं। मैं बड़े जोरों से भौंकने लगा। इस पर चोरों ने मुझ पर ढेले फेंकने शुरू किये, मगर मुझे उन ढेलों की चिंता न थी। स्वामी का घर लुटा जा रहा है, भला यह कैसे देखा जाता! दौड़ता

हुआ बरामदे में पंडित जी के पास गया और उनकी चादर दांतों से खींचने लगा। इस पर उन्होंने मुझे दो-तीन लातें जमा ही तो दीं, पर मैं बाज न आया। फिर चादर खींची और ज़ोर-ज़ोर से भोंकने लगा। तब पंडित जी की नींद खुल गयी। अब उनको किस तरह समझाऊं कि तुम्हारा घर लूटा जा रहा है? बार-बार पिछवाड़े जाता और उनके सामने आ-आकर जोरों से भौंकने लगता। इससे मेरी यही मंशा थी कि पंडित जी पिछवाड़े चलकर देखें कि उनका घर लुटा जा रहा है और उसके बचाने का प्रयत्न करें। मेरी चुस्ती से चोरों की हिम्मत न पड़ती थी कि समान लेकर भाग निकलें। मैं रास्ता रोके हुए था। दूसरे, सवेरा होने में थोड़ी ही कसर थी, इसलिए सब माल-असबाब उसी पसवाले गढ़े में डुबोते जाते थे। उनकी मंशा शायद यही थी कि दूसरी रात में सब माल-असबाब उठा ले जायेंगे। भला गढ़े के अंदर कौन ढूंढ़ने जाता है। मुझे बार-बार गुस्सा आता था कि पंडित जी की बुद्धि पर आज पत्थर क्यों पड़ गया है? वह मेरे इशारे क्यों नहीं समझ रहे हैं? संतोष यही था कि माल अभी बाहर नहीं गया था। आखिर मुझे एक उपाय सूझ गया। पलंग के नीचे पंडित जी की लाठी पड़ी थी। उसे मैंने मुँह में उठा लिया और पिछवाड़े की तरफ बढ़ा। अब पंडित जी मेरा इशारा समझ गये। तुरंत लाठी लेकर पिछवाड़े पहुँचे तो देखते हैं कि चोर सारा मालअसबाब उठाये लिए जा रहे है। बुरी तरह घबरा उठे। उनके मुँह से केवल इतना निकला, "चोर! चोर!" चोर का नाम सुनते ही "पकड़ो! पकड़ो!...

आ पहुँचे! आ पहुँचे!" की आवाजें चारों ओर से आने लगीं। दम-भर में गाँव के सब लोग लाठियां ले-लेकर इकट्ठे हो गये, मगर चोरों का पता नहीं था। अब यह फिक्र हुई कि चोर क्या-क्या ले गये। पंडित जी के तो होश-हवास ही ठिकाने न थे। होश आने पर पंडित जी ने घर के अंदर जाकर देखा, तो सब कुछ गायब था। सिर पर बिजली-सी गिर पड़ी। लोगों ने उन्हें संभाला और समझाने लगे, "भैया, इतना छोटा जी मत करो! रुपया-पैसा हाथ का मैला है। इसके जाने की क्या चिंता?" लेकिन पंडित जी बराबर हाय-हाय करते जाते थे। मेरी ओर कोई ताकता भी न था। मैं दौड़-दौड़कर गढ़े के पास जाता और जोरों से भौंकता। फिर आता और पंडित जी के पैरों पर मुँह रखकर पूंछ हिलाता, पर पंडित जी पैर खींच लेते थे। पैर खींच लेना तो कोई बात न थी, वह गुस्से में आकर लातें भी जमा देते थे, मगर मैं अपना काम बराबर किये जाता था। कब तक कोई इशारे को न समझेगा? सभी तरह के लोग थे। कुछ लोग पंडित जी को तसल्ली दे रहे थे, तो कुछ लोगों को हँसी उड़ाने की सूझ रही थी। कह रहे थे – इसी से कहा गया है कि अपनी कमाई में कुछ-न-कुछ दान अवश्य करना चाहिए। जो लोग सब-कुछ अपने-आप हजम करना चाहते हैं उनका यही हाल होता है। पटवारी ने सलाह दी, "पंडित जी, पुलिस को इतल्ला कर दीजिए। शायद कुछ पता लग जाये!" चौधरी बोले, "अजी, पुलिस का ढकोसला बहुत बुरा होता है। वे भी आकर कुछ-न-कुछ चूसते ही हैं। मैंने तो इतनी

उम्र में सैंकड़ो बार इतल्लायें कीं, मगर चोरी गयी हुई चीज कभी न मिली।" पंडित जी ने दिल कड़ा कर उत्तर दिया, "हाँ, चौधरी तुम ठीक कहते हो। तकदीर से उठी हुई चीज फिर कहाँ मिलती है!" उधर तो ये बातें हो रही थीं, इधर मेरा काम जारी था। कुछ लोग मेरी हरकत देखकर कहने लगे, "देखो, पंडित जी के साथ-साथ कुत्ता भी खबरा गया है। पंडित जी समझदार होने के कारण शांत है, मगर यह बेसमझ कुत्ता बौखला उठा है।" ये बातें सुनकर मुझे उन पर हँसी आती थी। बेसमझ ये सब हैं कि मैं? घंटों से इशारे कर रहा हूँ। पर किसी की समझ में बात नहीं आती, फिर भी अपने को समझदार कहते हैं। क्या कहूँ? कहीं मैं भी आदमी दोता तो दिखा देता! एकाएक मुझे एक उपाय सूझ गया। मैं भीड़ को चीरता हुआ पानी में कूद पड़ा और एकदम नीचे घुसकर तह तक पहुँच गया। संयोग से एक करोटी मुँह में आ गयी। उसे लेकर बाहर निकला तो मेरी बात सबकी समझ में आ गयी। फिर क्या था! कई आदमी पानी में कूद पड़े और थोड़ी देर में सब सामान मिल गया। पंडित जी इतने खुश हुए कि मुझे बार-बार उठा-उठाकर छाती से लगाने लगे। सब यही करते थे कि कुत्ते में ऐसी समझ बहुत कम देखने में आयी है। जरूर यह पूर्व-जन्म का कोई विद्वान रहा होगा। किसी पाप का प्रायश्चित्त करने के लिए इस योनि में आया है।

एक महाशय बोले, "पुराने जमाने में जानवर आदमी की तरह बातें करते थे और आदमियों की बातें समझ भी जाते थे।" इस पर

चौधरी बोले, "बिल्कुल सत्य कहते हो भाई! रामायण में लिखा है – एक कुत्ते ने श्रीरामचंद्रजी से अपनी कहानी कही थी। एक दिन श्रीरामचंद्र जी का दरबार लगा हुआ था, छोटे-बड़े, अमीर-गरीब सब जी खोलकर अपना-अपना हाल सुना रहे थे। इतने में एक कुत्ता भी आ पहुँचा और हाथ जोड़कर सामने खड़ा हो गया। "श्रीरामचंद्रजी ने पूछा – 'तू क्या कहना चाहता है?' "कुत्ते ने कहा – 'भगवन्! आज मेरे जीवन का अंतिम दिन है। इसलिए उचित समझता हूँ कि आपके सम्मुख आपकी प्रजा को अपने अनुभव की कुछ बातें समझा दूँ, जिससे वे अपने-अपने जीवन में बहुत-सी बुराइयों से बच जायें।' "कुत्ते की यह ज्ञान से भरी बातें सुनकर सब लोग चकित हो गये। दरबार में सन्नाटा छा गया।"श्रीरामचंद्रजी बोले – 'तुम्हारा यह विचार सराहने योग्य है। अगर सभी लोग इस तरह के ज्ञानोपदेश किया करें तो मनुष्य का उससे बड़ा उपकार हो सकता है। पहले तुम बताओ कि तुमने यह कैसे जाना कि तुम आज ही मर जाओगे?' "कुत्ते ने उत्तर दिया – 'महाराज, यह तो मैं नहीं बतलाना चाहता था, लेकिन जब आपने पूछा है तो मुझे बतलाना ही पडेगा। मेरा विश्वास है जो जैसा करता है, वैसा ही फल भोगता है। आप कृपा कर गुण नामक ब्राह्मण के लड़के को बुलाकर पूछिए कि उसने आज मुझ निरपराध को क्यों लाठी से मारा? अब हुक्म हो, तो मैं बैठ जाऊँ और बैठकर बातें करूँ , क्योंकि मेरी कमर टूट गयी है और अब मैं खड़ा नहीं रह सकता। चोट ऐसी गहरी पड़ी है कि जान पड़ता है, आज ही मेरा अंत हो जायेगा।' "थोड़ी ही देर में सिपाहियों

ने अपराधी को लाकर खड़ा कर दिया। जब उससे पूछा गया कि तुमने कुत्ते को क्यों मारा तो उसने हाथ जोड़कर कहा – 'दीनबंधु, मैं अपनी राह चला जा रहा था। बीच रास्ते में यह कुत्ता बैठा था। मैंने इसे हटने के लिए कई बार कहा, मगर यह हटा नहीं। इस पर मुझे गुस्सा आया और मैंने एक लाठी तानकर जमा दी।' "श्री रामचंद्र जी ने पूछा – 'अगर यह कुत्ता रास्ते में बैठा था तो तुम किनारे से क्यों नहीं निकल गये?' 'भगवन्, मुझसे यह भूल हुई।' "श्रीरामचंद्रजी – 'और गुस्सा भी आया तो लाठी इतने जोर से क्यों मारी कि इसकी कमर टूट गयी?' 'महाराज, मैं अपना अपराध स्वीकार करता हूँ। प्रभु जी जो दंड उचित समझें, दें।' "श्रीरामचंद्रजी ने कुत्ते से पूछा – 'तू इसे क्या दंड देना चाहता है?' "कुत्ते ने जवाब दिया – 'न्याय जो दंड दिलाये, वह दिया जाये।' "– 'हम उसका फैसला तुम्हारे ऊपर छोड़ते हैं।' "कुत्ता – 'तो इसे एक हाथी पर बिठाकर घर भेज दिया जाये और नगर के राजमंदिर का महंत बना दिया जाये।' "यह सुनकर सब लोग अचंभे में आ गये। यह दंड है या पुरस्कार? श्रीरामचंद्रजी भी यह रहस्य न समझ सके। पूछा – 'यह क्या बात है कि जिसने तुम्हारे साथ ऐसा व्यवहार किया, उसे तुम यह पुरस्कार दे रहे हो?' "कुत्ता – 'भगवन्, इसे पुरस्कार न समझिए, यह भयानक दंड है। यह ब्राह्मण-बालक अच्छे आचरण का होता तो देवता हो जाता, मगर महंत होने पर यह कुत्ता होगा।' "श्रीरामचंद्रजी – 'यह क्यों?' "कुत्ता – 'यही तो मुझ पर बीत चुकी है। वही कथा कहने के लिए तो मैं आपकी सेवा में आया हूँ। इसके पहले मेरा जन्म भी

ब्राह्मणकुल में हुआ था। मेरे पिता भी एक मंदिर के महंत थे। जिस दिन कोई धनी-मानी आदमी मंदिर में आने वाला होता, उस दिन तो ठाकुर जी खूब सजाये जाते, मगर जिस दिन कोई आने वाला न होता, उस दिन मंदिर का दरवाजा भी न खुलता। एक दिन ऐसा ही कोई रईस, ठाकुर जी के दर्शन को आया था। पिताजी ने तरह-तरह की मिठाइयां बनाकर ठाकुर जी को भोग लगाया था। जब वह घर आये तो मैं रो रहा था। माता जी दूध और चावल गर्म कर रही थीं। पिता जी को देखते ही मैं मचल गया कि इन्हीं के हाथों दूध-भात खाऊंगा। पिता जी मुझे बहुत प्यार करते थे। मुझे तुरंत गोद में उठा लिया और खिलाने लगे। उस समय वह ठाकुर जी की पूजा करके आये थे, इसलिए उनके नाखूनों में घी लगा हुआ था। गर्म दूध में पिघलकर घी उसमें मिल गया। मुझे क्या मालूम था कि जरा-सा घी मिल जाने के कारण मुझे इतना कठोर दंड मिलेगा। मैंने वेद पढ़ा और पढ़ाया, यज्ञ कराये और बड़ी निष्ठा से अपने धर्म का पालन करता रहा, मगर जब यमराज के पास पहुँचा तो उन्होंने कहा कि एक तो यह पाखंडी महंत का लड़का है, दूसरे, इसने उसका कमाया हुआ अन्न खाया है, तीसरे, ठाकुर जी के चढ़ाये हुए घी को जूठा कर दिया, इसलिए इसे कुत्ते की योनि में भेजा जाये। मैं बहुत रोया, मगर किसी ने मेरी न सुनी। मैं वही कुत्ता हूँ। अतः आप लोग समझ सकते हैं कि मैंने दंड दिया या पुरस्कार।' "इतना कहकर कुत्ता बेहोश हो गया और ऐसा गिरा कि फिर न उठा।" सवेरा हो रहा था, सब लोगों ने अपने-अपने घर की राह ली। कुत्ते की वह कथा

सुनकर मुझे अपनी दशा पर बहुत दुख हुआ। एक समय वह था कि पशुओं के साथ भी न्याय किया जाता था। एक समय यह है कि पशुओं की जान का कोई मूल्य ही नहीं। इसके साथ ही यह संतोष भी हुआ कि पशु होने पर भी मैं ऐसे धूर्त महंतों से तो अच्छा ही हूँ। पंडित जी उस दिन से मुझसे और भी स्नेह करने लगे। किसी से भेंट होती तो मेरी ही चर्चा करने लगते – यह कुत्ता नहीं, मेरे पूर्वजन्म की संतान है।

7

उन्हीं दिनों गाँव में कई जंगली सूअर आ गये। उनके उत्पात से सारे गाँव में हाहाकार मच उठा। जिस खेत में वे घुस जाते, उसे बरबाद ही करके छोड़ते। किसमें इतनी हिम्मत थी कि उनका सामना करता? शाम ही से रास्ता बंद हो जाता था। मेरे जी में तो यह उमंग आती थी कि एक बार जान पर खेलकर उन दुष्टों पर झपट पड़ूं, पर मेरी कमर अभी अच्छी न हुई थी। मैं भला उन भयंकर जंतुओं से क्या भिड़ता? लाचार था। हाँ, जकिया खूब मोटा-ताजा था, वह हिम्मत करता तो एकाध को मारकर ही छोड़ता, पर वह एक ही कायर था। सूअरों की सूरत देखते ही कोसों भागता और जब समझ जाता कि यहाँ तक सूअर न आ सकेंगे तो गला फाड़-फाड़कर चिल्लाता। सबसे बड़ा खेद तो यह था कि गाँव में सैंकड़ों आदमी थे, पर किसी में इतना साहस नहीं कि उन्हें ललकारे। कुत्तों को मारने में तो सभी शेर थे, पर सूअरों के सामने सब-के-सब बिल्ली बने हुए थे। आखिर

एक दिन लोगों ने थाने में जाकर फरियाद की। थाने का सबसे बड़ा अफसर अच्छा शिकारी था। उसे खबर मिली तो एक दिन कई कुत्ते लेकर गाँव आ पहुँचा। गाँव के सब आदमी तमाशा देखने के लिए जमा हो गये। पंडित जी भी मुझे अपने साथ लेकर चले। उनका लड़का भी चलने को तैयार हुआ, पर पंडित जी ने उसे साथ ले चलना मंजूर न किया। बोले, "वहाँ क्या मिठाई बंट रही है कि जाकर ले लोगे? कहीं सूअरों के सामने आ गये तो प्राण न बचेंगे। मैं तो गाँव का मुखिया ठहरा, मजबूर हूँ, तुम जान-बूझककर क्यों अपनी जान जोखिम में डालते हो?" यह बात सुनकर लड़का सहम उठा और साथ चलने का नाम न लिया।

जब मैं साहब के समीप पहुँचा, तो पहले-पहल मेरी निगाह उन कुत्तों पर पड़ी, जो साहब के साथ आये हुए थे। वे सब एक गाड़ी पर बैठे हुए थे, जिसे लोग मोटर कहते थे। अपने उन भाग्यवान भाइयों को देखकर मैं गर्व से फूल उठा। मेरी जाति में भी ऐसे लोग हैं, जो इतने बड़े अफसर के साथ मोटर में बैठते हैं। सब-के-सब किसने साफ-सुथरे थे! यहाँ तो वर्षों से नहाने की नौबत नहीं आयी थी। बालों में हजारों किलनियाँ भरी हुई थीं। मैं तो अपने भाइयों को देखकर आनंद से फूला न समाता था, और मूर्ख जकिया उन्हें देख-देखकर ऐसा भों-भों कर रहा था, मानो उसके लिए और कोई काम ही न था। गाँव के लोग बराबर मना करते, डांटते, पत्थर मारते, पर वह किसी तरह चुप न होता था। मालूम नहीं, उसके मन में क्या

बात थी। क्या वह इतना भी नहीं समझता था कि ये लोग गाँव का अहित करने नहीं आये हैं? नहीं तो क्या गाँव में आदमी उन्हें मार न भगाते? इसके सिवा और क्या कहा जाये कि उसकी मूर्खता थी। मैंने अपनी जाति में यह बहुत बड़ा ऐब देखा है कि एक-दूसरे को देखकर ऐसा काट खाने को दौड़ते हैं, कोई उनके जानी दुश्मन हों। कभी-कभी अपने उजड्ड भाइयों को देखकर मुझे क्रोध आ जाता है, पर मैं जब्त कर लेता हूँ। मैंने पशुओं को देखा है ऐसे जो आपस में प्यार से मिलते हैं, एक-साथ सोते हैं, कोई चूं तक नहीं करता। मेरी जाति में यह बुराई कहाँ से आ गयी कुछ समझ में नहीं आता। अनुमान से यह कह सकता हूँ कि यह बुराई हमने आदमियों से ही सीखी है। आदमियों ही में यह दस्तूर है कि भाई से भाई लड़ता है, बाप बेटे से, भाई बहन से। भाई एक-दूसरे की गर्दन तक काट डालते हैं, बेटा बाप के खून का प्यासा हो जाता है, दोस्त-दोस्त का गला काटता है, नौकर मालिक को धोखा देता है। हम तो आदमियों के ही सेवक हैं, उन्हीं के साथ रहते हैं। उनकी देखा-देखी अगर यह बुराई हममें आ गयी तो अचरज की कौन सी बात है? कम-से-कम हममें इतना गुण तो है कि अपने स्वामी के लिए प्राण तक देने को तैयार रहते हैं। जहाँ उसका पसीना गिरे, वहाँ अपना खून तक बहा देते हैं। आदमियों में तो इतना भी नहीं। आखिर ये साहब के कुत्ते भी तो कुत्ते ही हैं। वे क्यों नहीं भौंकते? क्यों इतने सभ्य और गंभीर हैं? इसका कारण यही है कि जिसके साथ वे रहते हैं, उनमें इतनी

फूट और भेद नहीं है। मुझे तो वे सब देवताओं-से लगते थे। उनके मुख पर कितनी प्रतिभा थी, कितनी शराफत थी!

साहब बहादुर अपने कुत्तों को साथ लिए वहाँ पहुँचे, जहाँ सूअरों का अड्डा था। वहाँ पहुँचकर उन्होंने सीटी बजाई और सभी कुत्ते चौकन्ने हो गये। उनकी आँखें चमकने लगीं, नथुने फड़कने लगे, छातियाँ फूल उठीं, मानो सब-के-सब साहब का इशारा पाने के लिए अधीर हो रहे थे। उनका उत्साह अब उनके रोके न रुकता था। सूअरों ने भी शायद समझ लिया था कि आज कुशल नहीं। एक भी बाहर न निकला। जब गाँव वालों ने ईख के खेतों में घुस-घुसकर शोर मचाना शुरू किया तो एक सूअर बाहर निकला। यह जमघट देखकर वह कुछ घबरा गया। शायद देख रहा था कि किसी तरफ से भाग निकलने का मौका है या नहीं। एकाएक साहब के कुत्ते उस पर टूट ही पड़े! देखते-देखते सूअर का काम तमाम हो गया। उनकी यह बहादुरी देखकर लोग वाह-वाह करने लगे। मेरे मुँह से भी निकल गया – शाबास भाइयों! सच्चे मर्द तुम्हीं हो। अब मेरे दिल में भी उमंग उठी। सोचा – एक-न-एक दिन मरना तो है ही। आज कुछ कर दिखाना चाहिए। आपस में लड़कर या आदमियों के डंडे खाकर मर जाने में कौन बहादुरी है? मैदान में मर भी जाऊँगा तो नाम तो रह जायेगा! इन कुत्तों को भी मालूम हो जाये कि इस गाँव में कोई वीर है। इतने में एक दूसरा सूअर सामने आता दिखाई दिया। विलायती कुत्ते दौड़े। साथ ही मैं भी चला।

वे सब चाहते थे कि पहले हम शिकार तक पहुँचे, मैं चाहता था मैं पहुँचू। हम सभी जी तोड़कर दौड़े, और कुछ ऐसा संयोग हुआ कि सूअर पर पहला वार मेरा ही हुआ, शेष सब कुत्ते पीछे रह गये। अगर सूअर डटकर खड़ा हो जाता तो शायद मुझे भागना ही पड़ता, मगर वह हम लोगों को देखकर कुछ ऐसा घबराया कि सीधा भागा। फिर क्या था! हमने उसे पीछे से नोचना शुरू कर दिया। सबके-सब कुछ इस तरह चिपटे कि उसे मारकर ही छोड़ा। अब लोगों को भी मालूम हुआ कि मुझमें भी जीवट है। साहब भी खुश हुए। उन्होंने मुझे बुलाकर मेरा सिर थपथपाया। पंडित जी भी साहब के पास ही खड़े थे। मेरा सम्मान देखकर खिल उठे। साहब ने पूछा, "वेल, यह किसका कुत्ता है?" पंडित जी ने हाथ जोड़कर कहा, "हुजूर, यह मेरे ही यहाँ रहता है।" साहब-"आपका कुत्ता बड़ा बहादुर है?" पंडित जी ने कहा, "सरकार का इकबाल है।" बात पूरी भी न निकल पायी थी एकाएक तीसरा सूअर निकला और साहब पर झपटा। साहब के हाथ-पाँव फूल गये। यदि एक क्षण की और देरी होती तो सूअर उन्हें जरूर मार डालता। उनके हाथ में बंदूक तो थी, पर वह ऐसे घबरा गये थे कि उसे चला न सकते थे। मैंने देखा कि मामला नाजुक है, अन्य कुत्ते दूर थे, मैं वहाँ अकेला ही खड़ा था। सूअर से भिड़ना जान-जोखिम था, पर साहब की प्राण-रक्षा करना जरूरी था। मैंने पीछे से लपककर सूअर की टांग पकड़ ली। उसका पीछे फिरना था कि साहब संभल गये और बंदूक चलाई। सूअर तो गिर पड़ा, लेकिन मुझे बुरी तरह घायल कर गया। घंटों होश न रहा कि कहाँ

हूँ। जब होश आया तो देखा कि मैं रुई के गद्दे पर लेटा हुआ हूँ और दो-तीन आदमी मेरे घावों को धो रहे हैं।

8

साहब के बंगले पर मुझे ऐसी-ऐसी चीजें खाने को मिलने लगीं, जिनका ख्याल मुझे स्वप्न में भी न था। पहले कभी-कभी सौभाग्य से कोई हड्डी मिल जाती थी, अब दोनों वक्त ताज़ा माँस खाने को मिलता। कभी-कभी दूध भी मिल जाता। खानसामा रोज साबुन लगाकर नहलाता। पहले तो मुझे साबुन का नाम भी नहीं मालूम था, क्योंकि पंडित जी के यहाँ साबुन लगाने का रिवाज न था। अब जब साहब नौकर से कहते – 'कल्लू को सोप से नहलाओ' तो वह कोई टिकिया-सी चीज लेकर मेरे गीले बदन पर रगड़ता। उस वक्त मेरे बदन से सफेद फेन निकलने लगता था, ठीक वैसा ही जैसा दूध का फेन होता है। उस फेन से ऐसी खुशबू निकलती थी कि जी खुश हो जाता था। साहब शाम के वक्त मुझे मोटर पर बिठाकर हवा खिलाने ले जाते। मेम साहब भी साथ होतीं। उस वक्त उनकी बात तो मेरी समझ में न आती, लेकिन बार-बार कल्लू का नाम सुनकर समझ जाता कि मेरी ही चर्चा हो रही है। मेम साहब कभी कभी मुझे गोद में उठा लेतीं और मेरा मुँह चूमतीं। उस समय मुझे कितना आनंद मिलता था, कह नहीं सकता। मैं भी पूंछ हिलाता और उनकी गरदन से लिपट जाता। अगर वह मेरी बोली समझ

सकतीं तो उन्हें मालूम हो जाता कि हम लोग प्यार का जवाब देने में आदमी से कम नहीं हैं। कुछ दिन मुझे पंडित जी की याद बराबर सताती रही, लेकिन धीरे धीरे सारी पिछली बातें भूल गयी। सुख में दुख की बातें किसे याद रहती हैं!

एक दिन शाम के वक्त हम लोग सैर करने जा रहे थे तो क्या देखता हूँ कि बेचारे पंडित जी चले आ रहे हैं। पंडित जी को देखते ही मुझे पिछले दिन याद आ यगे, मोटर से कूद पड़ा और उनके पैर पर मुँह रखकर पूंछ हिलाने लगा। पंडित जी ने मेरे सिर पर हाथ फेरा तो मैंने देखा कि उनकी आँखेंडबडबा आयी हैं। उनके मुँह पर धूल जमी हुई थी, होंठ सूख गये थे और पैरों पर मानों गर्द जमी हुई थी। कपडे मैले हो गये थे। मुझे उन पर दया आ रही थी। साहब ने पूछा, “वेल पंडित, हैं तो अच्छी तरह?” पंडित, “सरकार की दया है!” साहब, “क्या काम है?” पंडित, “हजूर, अपने कल्लू को देखने आया हूँ। सरकार, क्या कहूँ, जब से यह चला आया है, मेरे दुर्दिन आ गये। एक क्षण के लिए भी इसकी सुध नहीं भूलती। इसकी जगह खाली देखकर रोया करता हूँ। सरकार, यह मेरे घर का रक्षक था। मुझ पर दया कीजिए।” साहब, “तो क्या चाहता है?” पंडित, “यही चाहता हूँ कि सरकार कल्लू को अब मुझे दे दें। परमात्मा आपका कल्याण करेगा। इसके बिन मैं कहीं का नहीं रहूँगा।” साहब, “ओ पंडित, तुम बड़ा मक्कर करता है। हम यह कुत्ता तुमको नहीं दे सकता। इसके बदले में मेरा कोई विलायती

कुत्ता ले जाओ।" मैं इस समय बड़ी दुविधा में था। पंडित जी का प्रेम देखखर इच्छा थी कि इन्हीं के साथ चलूं, पर यहाँ के सुखों की याद करके जी कुछ हिचक जाता था। साहब ने नहीं कर दी तो पंडित जी निराश होकर बोले, "जैसी सरकार की मर्जी। जब कल्लू ही नहीं हैं तो विलायती कुत्ता लेकर मैं क्या करूँगा?" यह कहकर पंडित जी रो पड़े। उस समय मैंने निश्चय किया कि यहाँ रहते हुए भी मैं पंडित जी के घर की रक्षा करने के लिए रोज चला जाया करूँगा। यहाँ कुत्तों की क्या कमी! साहब ने कहा, "हम जानता है कि तुम इस कुत्ता को बहुत प्यार करता है और हम तुमको देता, लेकिन हम बहुत जल्द अपने देश जाने वाला है। हाँ, तुम इसका जो दाम माँगो, वह हम दे सकता है।" पंडित जी ने इसका जवाब कुछ न दिया। साहब को सलाम किया और लौट पड़े। एकाएक उन्हें कोई बात याद आ गयी। लौटकर बोले, "सरकार, विलायत से कब लौटेंगे?" साहब, "ठीक नहीं कह सकता, मगर जब हम आयेगा तो तुमको इतल्ला देगा।" अगर साहब ने मेरे विलायत जाने की बात न कही होती तो मैं पंडित जी के साथ जरूर चला जाता। उनका दुख मुझसे देखा न जाता था। पंडितजी ने एक बार मुझे प्रेम-भरी आँखों से देखा और चल पड़े। अब मुझसे न रहा गया। मेम साहब के प्रेम, विलायत की सैर, अच्छा-अच्छा भोजन, सब मेरी आँखों में तुच्छ जान पड़े। मन ने कहा, "तू कितना बेवफा है। जिसने तुझे बचपन से पाला, ब्राह्मण होकर भी जिसने तुझे गोद में खिलाया, जिसने

कभी डांटा तक नहीं, उसे तू भोग-विलास के पीछ छोड़ रहा है?" फिर मुझे कुछ सुध न रही। मैं बरामदे से कूदकर पंडित जी के पीछे चल पड़ा। मगर बीस कदम भी न गया हूँगा कि खानसामा ने आकर मुझे पकड़ लिया और मेरे गले में जंजीर डाल दी। उस समय मुझे इतना क्रोध आया कि मैं खानसामा को काटने लपका, लेकिन गले में जंजीर पड़ी थी, क्या कर सकता था! पंडित जी की ओर लाचारी की निगाह से देखने लगा। पंडितजी भी बार-बार पीछे मुड़-मुड़कर देखते जाते थे। यहाँ तक कि आँखों से ओझल हो गये। उस दिन मैंने भोजन न किया। बार-बार पंडित जी की याद आती रही।

9

यहाँ कुछ दिन और रहने के बाद साहब अपनी मेम के साथ अपने देश चले। मुझे भी साथ ले लिया। रास्ते में क्या-क्या देखा, कहाँ-कहाँ ठहरा, कैसे-कैसे आदमियों से भेंट हुई, यह सब बातें कहने लगूं तो बड़ी देर होगी। लगभग एक महीने तक जहाज पर रहा। यह लकड़ी का एक बड़ा ऊँचा मकान था, जो पानी पर तैरता चला जाता था। पहले जब जहाज पर सवार हुआ तो मुझे डर लगा। जहाँ तक निगाह जाती थी, ऊपर नीला आकाश दिखाई देता था, नीचे नीला पानी और उसमें यह लकड़ी का घर बिल्कुल ऐसा ही मालूम होता था, जैसे आकाश में कोई पतंग उड़ता जाता हो। कई दिनों के बाद हम एक ऐसे देश में पहुँचे, जहाँ के आदमी लंबे-लंबे कुरते पहने

हुए थे और औरतें सिर से पांव तक एक उजले गिलाफ में लिपटी हुई चली जाती थीं। केवल आँखों की जगह बनी हुई थी। जहाज पर बैठे मुझे बार-बार जकिया की याद आने लगी। कहीं वह भी मेरे साथ होता तो कितने आराम से कटती! न जाने उस बेचारे पर क्या बीत रही होगी। मगर अच्छा हुआ कि वह मेरे साथ न था, क्योंकि यहाँ उससे एक क्षण भी न बैठा जाता। जहाज पर हमारे गाँव की तरह का एक आदमी भी न था। सब-के-सब हमारे साहब ही की तरह थे।

एक दिन की बात सुनिये – रात का समय था, मैं फर्श पर लेटा हुआ था कि एकाएक मुझे ऐसा मालूम हुआ, कमरे में कोई गा रहा है। वहाँ कोई आदमी न था। मैं चौंककर उठ बैठा और इधर-उधर देखने लगा, पर कोई न दिखाई दिया। अब मुझसे चुप न रहा गया। जोर-जोर से भोंकने लगा। मेम साहब और साहब दोनों मेरा भौंकना सुनकर जाग पड़े और मुझे चुप करने की कोशिश करने लगे। उन्हें देखकर मेरी शंका दूर हुई। लेकिन अब भी मेरी समझ में यह बात न आयी कि कौन गा रहा था। इसी तरह एक दिन दूसरी घटना हो गयी। जब शाम होती थी, सब कमरों में आप-ही-आप रोशनी हो जाती थी। दीवार में एक गोलसी डिबिया बनी हुई थी, उस डिबिया में एक पीतल की घुंडी थी। कभी साहब और कभी मेम साहब उस घुंडी को छू देते थे। बस, कमरा जगमगा उठता था। मुझे यह देखकर बड़ा अचंभा होता था। मैं सोचता, क्या मैं भी

घूंडी छू दूँ तो इसी तरह रोशनी हो जायेगी? अगर कहीं मैं रोशनी कर सकूं तो सब लोग कितने खुश होंगे। मैं घुंडी तक पहुँचू कैसे? वह बहुत ऊंचाई पर थी। आखिर एक दिन मैंने उसको छूने की एक हिकमत निकाली। मैं दोनों पैरों पर खड़ा होकर एक पांव से उस घुंडी को छुआ। छूना था कि ऐसा मालूम हुआ, मेरे पांव में आग की चिनगारी लग गयी और सारी देह में दौड़ गयी। मैं कुर्सी से नीचे गिर पड़ा और चिल्लाता हुआ भागा। थोड़ी देर के बाद जब जरा चित्त शांत हुआ तो मैं सोचने लगा कि इस घुंडी में जरूर कोई-न-कोई जादू है। साहब या मेम साहब छुएंगे, तो उन्हें भी ऐसी चोट लगेगी। मैंने निश्चय किया, उन्हें किसी तरह न छूने दूँगा। जब अंधेरा हो गया और साहब घुंडी की तरफ चले तो मैं उनके सामने खड़ा हो गया। वह मुझे हटाकर घुंडी के पास बार-बार जाते थे और मैं बार-बार उनका रास्ता रोक लेता था। आखिर साहब ने मुझे पकड़कर बांध दिया और घुंडी दबा दी। कमरे में उजाला हो गया। उन्हें जरा भी चोट न लगी।

कई दिनों के बाद एक दिन बादल घिर आये और आंधी चलने लगी। जरा देर में सारा आकाश लाल हो गया और आंधी का जोर इतना बढ़ा कि समुद्र की लहरें बांसों उछलने लगीं। हमारा जहाज लहरों पर इस तरह तले-ऊपर हो रहा था, जैसे कोई शराबी आदमी लड़खड़ाता हुआ चलता है। जैसे शराबी कभी गिरने-गिरने को हो जाता है, उसी तरह जहाज कभी-कभी इस तरह करवट लेता था

कि शंका होती थी कि अब उलट जायेगा। सभी आदमी घबराये हुए इधर-उधर दौड़ रहे थे। बिजली इतनी जोर से तड़पती थी कि मालूम होता था कि हमारे सिर पर आ गयी। बड़ा भयंकर दृश्य था। ऐसी आंधी मेरे जीवन में एक बार आयी थी। सैंकडों मकान गिरने से हजारों जानवर मर गये थे। जहाँ-तहाँ हजारों उखड़े हुए पेड़ मिलते थे, पर समुद्री आंधी उस आंधी से कहीं प्रचंड थी। अब तक तो जहाज में उजाला था, सहसा सब दीपक बुझ गये और चारों ओर अंधकार छा गया, ठीक सावन-भादों की अंधेरी रात के समान। चारों ओर घबराहट थी। कोई ईश्वर से प्रार्थना कर रहा था। स्त्रियां अपने बालकों को छाती से लगाये दुबकी-सिमटी खड़ी थीं। मुझे उस अंधेरे में उनकी दशा साफ नजर आती थी। अवश्य ही कोई भारी संकट आने वाला था। एकाएक जहाज किसी चीज से टकराया और भयंकर शब्द हुआ। वह नीचे बैठा जा रहा था। मेरे साहब और मेम दोनों एक-दूसरे से मिलकर रो रहे थे। अब मैं समझ गया कि जहाज डूबा जा रहा है। ये सब आदमी जरा देर में समुद्र के नीचे पहुँच जायेंगे। समुद्र जहाज की छाती पर चढ़ बैठेगा। शायद यह जहाज की गुस्ताखी का बदला ले रहा है। जहाज के कान होते तो मैं कहता – तुम अपनी विजय पर कितना घमंड कर रहे थे! कैसा घमंड़ टूट गया! अपने साथ इतने आदमियों को ले डूबे! अपने साहब और मेम के लिए मेरा कलेजा फटा जा रहा था। कैसे उन्हें बचाऊं? अगर दोनों जनों को पीठ पर बैठा सकता तो बिठाकर समुद्र में कूद पड़ता! कहीं तो जा पहुँचता। क्या उस पहाड़

पर, जिसने जहाज का घमंड़ तोड़ा था, हमें आश्रय न मिलेगा? लेकिन क्या मैं उन दोनों को पकड़कर उठा न सकता था? मैं अपने स्वामी को ढाढ़स देना चाहता था। उनके पास जाकर कूं-कूं करता, पूंछ हिलाता, पर उस घबराहट में उन लोगों की समझ में मेरी बात न आती थी। प्रतिक्षण जहाज नीचे चला जा रहा था। स्त्रियों और बच्चों की चीख-पुकार सुन-सुन मेरे दिल के टुकड़े-टुकड़े हुए जाते थे। पानी इतने जोर से गिर रहा था, मानो समुद्र आकाश पर चढ़कर वहाँ से जहाज पर गोले बरसा रहा हो। ईश्वर! यह क्या? जहाज समुद्र के अंदर चला गया, और मैं पानी में बहा जा रहा था। मेरे साहब और मेम का कहीं पता नहीं। कोई कहीं बहा जाता था, कोई कहीं। मैं कितनी दूर बहा चला गया, कह नहीं सकता। साहब और मेम को याद करके मुझे रोना आ रहा था। सोचता, मुझे उस वक्त भी वह मिल जाते तो उन्हें बचाने की कोशिश करता।

आखिर भगवान ने मेरी विनती सुन ली। बिजली चमकी तो मैंने देखा कि एक मर्द और एक औरत एक-दूसरे से लिपटे हुए, एक तरफ बहे जा रहे हैं। मैं जोर मारकर उनके समीप जा पहुँचा। देखा तो वह मेरे साहब और मेम थे। उस वक्त बदन में न मालूम कितना बल आ गया! मैं तो कभी बलवान न था। मैंने साहब का हाथ मुँह में ले लिया और हवा के रुख पर चला। दिल में ठान लिया कि जब तक हम रहेगा, इन्हें न छोड़ूंगा। साहब और मेम दोनों बेहोश थे, मगर जान बाकी थी। उनकी देह गर्म थी। ईश्वर से मनाता था कि किसी तरह दिन निकले। न जाने कितनी बड़ी रात थी! उस घोर

अंधकार में क्या पता चलता! लहरों पर मैं यों थपेड़े खाता, जैसे आंधी में कोई पत्ती। कभी तो बहुत नीचे, कभी ऊपर, कभी एक रेले में दस हाथ आगे, तो दूसरे रेले में पचासों गज पीछे! भला इस तूफ़ान के मुकाबले में मैं क्या करता! मेरी बिसात ही क्या! तिस पर इस छोटी-सी देह में जान का कहीं पता नहीं। मुझे खुद भय हो रहा था कि कहीं डूब न जाऊँ। वह रात पहाड़ हो गयी। ऐसा जान पड़ता था कि सूरज भी मारे डर के कहीं मुँह छिपाए पड़ा है। देह इतनी बेदम होती जाती थी कि जान पड़ता था, अब प्राण न बचेंगे। अगर साहब और मेम का ख्याल न होता तो मैं अपने को लहरों की दया पर छोड़ देता और लहरें एक मिनट में मुझे निगल जातीं। सबसे ज्यादा भय जल-जंतुओं का था। प्राण जैसे आँखों में थे। क्षण-क्षण पर मालूम होता था, अब मरे!

कह नहीं सकता, यह दशा कितनी देर रही। कम-से-कम चार-पाँच घंटे जरूर रही होगी। आखिर हवा का जोर कम होने लगा। लहरों के थपेड़े भी कुछ कम हुए और कुछ-कुछ प्रकाश होने लगा। मेरी हिम्मत बंध गयी। आकाश पर बादल भी कुछ छंटने लगे थे। कुछ दूरी पर भेड़ों का झुंड दिखाई दिया। जरूर कोई टापू है। मेरा दिल खुशी से उछलने लगा। मैं उन्हीं भेड़ों की ओर चला। अब मैंने देखा कि साहब और मेम एक रेशमी चादर से बंधे हुए हैं। इसी से अब तक लिपटे हुए थे। एकाएक मुझे एक छोटी-सी नाव दिखाई दी। उस पर दो-तीन भयानक, काली, जंगली सूरत वाले आदमी बैठे हुए थे। उनका रंग कोयले की तरह काला था। मुँह लाल रंग

से रंगे हुए थे। उनके सिर पर पत्तियों के ऊंचे टोप थे। वे केवल चमड़े के जांघिए पहने हुए थे। उनके पास एक-एक भाला था। मैं उन्हें देखकर डर गया और उस वक्त भी भौंक उठा। हम लोगों को देखते ही वे हमारी तरफ लपके और हम तीनों को अपनी डोंगी में बिठा लिया। मैं मारे डर से सूखा जाता था, पर करता क्या! अगर डोंगी में न बैठता तो घंटे-आधे घंटे में डूबकर मर जाता; क्योंकि मेरे हाथ-पांव में ताकत न थी। नाव के एक कोने में खड़ा होकर थर-थर कांपने लगा, फिर भी पूंछ हिलाता जाता था कि वे सब मुझे भालों से मार न डालें। ऐसे काले भयंकर आदमी मैंने कहीं न देखे थे। उन लोगों ने डोंगी में बिठाकर पेड़ों के झुंड की तरफ नाव चलाई। जरूर वहाँ आदमी रहते होंगे।

कोई घंटे भर में डोंगी वहाँ पहुँच गयी। समुद्र के किनारे एक ऊँचा पहाड़ था। उसके ऊपर के पेड़ नजर आते थे। पहाड़ के नीचे एक जगह नाव रुकी। उन्होंने उसे एक पेड़ से बांध दिया, और साहब और मेम को उतारकर जमीन पर ले गये। उन्हें देखते ही वैसी ही सूरतों की कई औरतें निकल आयीं, और सभी ने खुश होकर चिल्लाना शुरू किया। फिर साहब और मेम को उठाता और गाँव में चले। कुछ ऊंचाई पर चढ़कर कई झोपडियां बनी हुई थीं। यही उनका गाँव था। हम ज्यों ही वहाँ पहुँचे, सैंकड़ों आदमियों ने मुझे घेर लिया, और मेम और साहब के कंधे पकड़कर हिलाने लगे। कोई उनकी नाक दबाता था, कोई उनकी छाती पर सवार होकर घुटनों से कुचलता था। मैं डर के मारे दुबका खड़ा था। आवाज निकालने

की हिम्मत न पड़ती थी। कहीं ये सब साहब-मेम को मार तो नहीं रहे हैं? मगर कोई आधे घंटे के हिलाने-डुलाने के बाद दोनों आदमी होश में आये। उनकी आँखें खुल गयीं। हाथ-पांव हिलाने लगे, पर अभी उठ न सके थे। अब मैं अपनी खुशी को न दबा सका। उनके पास आकर धीरे-धीरे भौंकने लगा। उन काले आदमियों ने अब नाचना-गाना शुरू किया। मालूम नहीं, वे क्यों इतने खुश थे। उनका नाच भी कितना भद्दा था! उनकी उछल-कूद देखकर मुझे बड़ी हँसी आती थी। लेकिन मैं बहुत देर तक खुश न रह सका। ज्यों ही साहब और मेम बातें करने लगे, उन काले आदमियों ने उन्हें एक कोठरी में कैद कर दिया। कैद ही करना था तो समुद्र में क्यों न डूब जाने दिया? इन दिनों में हम तीनों ने अन्न के दाने की सूरत तक न देखी थी। भूख के मारे पेट कुलबुला रहा था। बेचारे मेम और साहब का भी यही हाल होगा। यह सब उनको खाने-पीने को देंगे या उस काल-कोठरी में बंद करके मार डालेंगे?

मेरे लिए तो वहाँ भोजन की कमी न थी। इधर-उधर माँस की बोटियाँ पड़ी हुई थीं। हड्डियों का तो ढेर लगा हुआ था। जंगली आदमी माँस ही खाते थे। मैंने वहाँ कहीं खेत नहीं देखे। एक पेड़ के नीचे माँस का एक टुकड़ा देखकर जी ललचाया कि खा लूँ, पर फिर यह खयाल आया कि साहब और मेम कभी के भूखे पड़े होंगे। और मैं अपना पेट भरूं, यह नीचता की बात है। धीरे-धीरे दिन बीतने लगा। यहाँ बहुत गर्मी न थी। साहब लोग जहाँ कैद थे, उसी

झोंपड़ी के सामने मैं एक पेड़ के नीचे बैठा देखता रहा कि ये लोग उनसे कैसा बर्ताव करते है। कुछ खाने को देते हैं या नहीं। जहाँ दोपहर हुई; शाम हो गयी। मगर झोंपड़ी एक बार भी न खुली। दो आदमी बराबर झोंपड़ी के दरवाजे पर बैठे जैसे पहरा दे रहे हों। धीरे-धीरे रात गुजरने लगी, मगर कैदखाना न खुला। अब मैंने मन में ठान लिया कि चाहे जैसे हो, एक बार इस झोंपड़ी में जरूर जाऊँगा। सभी झोंपड़ियों में माँस रखा था। मैं चुपके से एक झोंपड़ी में घुस गया और माँस का एक बड़ा-सा टुकड़ा उठा लाया। ये लोग माँस चूल्हे पर पतीली में नहीं पकाते थे; आग पर भून लेते थे। मैंने एक बड़ी-सी भुनी हुई टांग ली और बाहर लाकर पत्तियों में छिपा दी और सोचने लगा – साहब की झोंपड़ी में कैसे जाऊँ? वे दोनों यमदूत अभी तक वहीं बैठे हैं। जब तक ये हट न जायें या सो न जायें, मेरा जाना मुश्किल था। फिर द्वार कैसे खोलूंगा? मुँह पर एक बड़ा-सा पत्थर भी तो खड़ा कर रखा था। मैं उस पत्थर को कैसे हटा सकूंगा? इस चिंता में बड़ी देर तक बैठा रहा। सारी देह चूर-चूर हो रही थी। बार-बार आँखें झपकी जाती थीं, पर एक क्षण ही में चौंक पड़ता था। इस तरह कोई आधी रात बीत गई। गीदड़ों ने दूसरे पहर की हाँक लगाई। मैं धीरे से और दबे पांव झोंपड़ी के द्वार पर गया। दोनों यमदूत वहीं जमीन पर पड़े थे। उनकी नाक जोर-जोर से बज रही थी। कोई दूर से सुनता तो जान पड़ता, दो बिल्लियां लड़ रही हैं। मैं जान पर खेलकर उस पत्थर को खिसकाने लगा। पूरी चट्टान थी। कितना ही जोर पंजों से लगाता, पर वह जगह से हिलती तक

न थी। उधर डर भी लगा हुआ था कि जरा भी खटका हुआ तो ये दोनों जाग पड़ेंगे और शायद मुझे जीता न छोड़ें। मैं सोचने लगा– आखिर इतनी बड़ी और भारी चट्टान ये कैसे हटा लेते हैं? अब तक मैं उसे उठाने की कोशिश कर रहा था। अब मुझे यह सूझी कि चट्टान को लंबान में ढकेल दूँ। शायद खिसक जाये। ज्यों ही मैंने भरपूर जोर लगाया, चट्टान जरा-सी आगे को खिसक गयी। बस, उसकी कल मुझे मिल गयी। कई बार के ढकेलने से चट्टान द्वार से हट गयी। बायीं ओर ऐसी चीज लगी थी, जिससे वह दाहिने-बाएं की ओर न हिल सकती थी; सीधे-सीधे खिसक सकती थी। पत्थर हटते ही मैंने धीरे से द्वार खोला। जाकर गोश्त का टुकड़ा लाया। झोंपड़ी के अंदर पहुँचा। देखा, साहब और मेम जमीन पर बेदम पड़े थे। मैंने उनके पैरों को मुँह से चाटकर जगाया। दोनों घबराकर उठ बैठे और मारे डर के कोने की तरफ भागे, मगर कूं-कूं किया तो समझ गये, कल्लू है। दोनों मेरे गले से लिपट गये और मेरा सिर थपथपाकर प्यार करने लगे। मैंने माँस का टुकड़ा साहब के हाथ में रख दिया। उसकी गंध पाते ही वे खाने लगे। उस वक्त मुझे जितना आनंद हो रहा था, कह नहीं सकता। दोनों खाते जाते थे और बार-बार मुझे प्यार करते जाते थे। जब वे खा चुके, तो बचा हुआ टुकड़ा मुझे दे दिया। मैंने उसे वहीं खाया। अब पानी कहाँ से आवे?

खाने के बाद पानी पीने की आदत मेरी तो न थी, मगर आदमी तो खाते समय थोड़ा-बहुत पानी जरूर ही पीते हैं। उस वक्त मुझे

यह बात याद आयी। मैं बाहर निकला और पानी की तलाश करने लगा। वहाँ उस झोंपड़ी के सिवा और किसी झोंपड़ी में किवाड़ न थे। झोंपड़ियाँ खुली थीं, लोग उनके द्वार पर सो रहे थे। मैं एक झोंपड़ी में घुस गया और पानी के लिए कोई बर्तन खोजने लगा। मिट्टी या दूध के बरतन वहाँ न थे। जानवरों की बड़ी खोपड़ियों में पानी रखा था। छोटी-छोटी खोपड़ियों में पानी निकालकर लोग पीते थे। मैंने भी एक छोटी खोपड़ी पानी से भरी और उसे दांतों में दबाये साहब के पास पहुँचा। दोनों पानी देखते ही उस पर टूट पड़े और एक ही साँस में पी गये। मैं खोपड़ी लेकर फिर गया और पानी भर लाया। इस तरह पांच-छः बार के आने-जाने में मालिकों की प्यास बुझी। दोनों को खिला-पिलाकर मैं धीरे से निकल आया और द्वार बंद कर फिर चट्टान को ज्यों-का-त्यों खिसका दिया। मैं चाहता तो मालिकों को भी उसी तरह निकाल लाता, पर जाता कहाँ? बेगाने देश में रात को कहाँ भटकते फिरते? ये काले आदमी फिर पकड़ लेते तो जान लेकर ही छोड़ते, इसलिए जब तक उस देश को अच्छी तरह देख-भालकर निकल भागने का मार्ग न निकाल लूँ, मैंने उनका यहीं पड़े रहना अच्छा समझा। यही मेरा रोज़ का दस्तूर हो गया। मैं दिन-भर इधर-उधर देखभाल करता। रात को साहबों को खिलाता-पिलाता और सो रहता। कोई मुझे पकड़ न सकता था, न कोई भांप ही सकता था। मैंने इस वक्त तक कभी चोरी नहीं की थी, लेकिन इस चोरी को मैं पाप नहीं समझता। अगर मैं ऐसा न करता तो साहब-मेम जरूर भूखों मर जाते। ये काले आदमी इस तरह साहबों

को क्यों कैद किये हुए थे यह मेरी समझ में न आता था। शायद वे समझते थे कि ये लोग हमें पकड़ने आये हैं। या समझते हों कि कोई-न-कोई इनकी तलाश करने तो आयेगा ही। उससे अच्छी-अच्छी चीजें ऐठेंगे; मगर ढंग से ऐसा जान पड़ता था कि वे साहब और मेम को देवता समझते हैं। वह झोंपड़ी देवताओं का मंदर थीं, क्योंकि प्रातःकाल सब-के-सब झोंपड़ी के सामने एक बार नाचने जाते थे। शायद यही उनकी पूजा थी। शायद उनका खयाल था कि देवताओं को खाने-पीने की जरूरत ही नहीं होती।

10

उस देश में हम लोग लगभग एक महीना रहे। जंगली लोगों ने साहबों को कभी बाहर न निकाला। बातचीत भला क्या करते! शायद वे सब समझते थे कि इन देवताओं को बाहर निकाला गया तो न मालूम उस देश को किस आफत में डाल दें। देवताओं को वे कोई भयानक जीव समझते थे, जिसने नुकसान के सिवाय कोई फायदा नहीं पहुँच सकता। इस एक महीने में मैंने देश की अच्छी तरह छानबीन कर ली। उसके एक तरफ तो समुद्र था। पश्चिम की तरफ एक बहुत ऊँचा पहाड़ था, जिस पर बर्फ जमी हुई थी। दक्षिण की तरफ पथरीला मैदान था, जहाँ मीलों तक घास के सिवा कोई चीज न थी। यहाँ से भागें भी तो जायें कहाँ? मुझे यह फिक्र बराबर सताया करती थी। समुद्र के किनारे जंगली लोग बराबर आते-जाते

रहते थे, इसलिए उधर जाने में फिर पकड़ लिए जाने का भय था! ऊँचे पहाड़ पर चढ़ना बहुत कठिन था और फिर कौन जानता है उस पार क्या हो! उस पार पहुँचना भी असंभव जान पड़ता था। उसी मैदान की तरफ भागने का रास्ता था। सौ-पचास कोस भागने पर शायद कोई दूसरा देश मिल जाये, जहाँ के आदमी ऐसे जंगली न हों। यही मैंने निश्चय किया।

एक दिन बड़ी ठंड पड़ रही थी। चारों ओर कुहरा छाया हुआ था। आज साहब की झोंपड़ी के सामने दोनों पहरे वाले ठंड के मारे अपनी झोंपड़ियों में सोये हुए थे। मैदान साफ था। मैंने सोचा, इस अवसर को हाथ से न जाने देना चाहिए। ऐसा अवसर फिर शायद ही मिले। जब सब लोग सो गये तो मैंने पत्थर खिसकाया और झोंपड़ी का द्वार खोलकर साहब-मेम को बाहर निकलने का इशारा किया। साहब मेरे इशारे खूब समझने लगे थे। दोनों प्राणी तुरंत निकल खड़े हुए। मैं आगे-आगे चला। दो दिन का खाना मैंने पहले ही से लाकर साहब को दे दिया था। इसकी चिंता न थी। बस, फिक्र यही थी कि हम लोगों का यहाँ न पाकर वे जंगली आदमी हमारा पीछा न करें; इसलिए रात-भर में हमसे जितना चला जा सके, उतना चलना चाहिए। खूब अंधेरा छाया हुआ था। मैं तो बेखटके चला जाता था, पर साहबों को बड़ा कष्ट हो रहा था। मेम साहब तो थोड़ी-थोड़ी दूर पर बैठ जातीं थीं, साहब के बहुत कहने-सुनने पर ही उठती थीं। एक बार मेम साहब झुंझलाकर बोलीं, "आखिर इस

तरह हम लोग कब तक चलेंगे?" साहब-"जब तक चला जाये।" मेम, "यहीं ठहर क्यों नहीं जाते, सवेरे चलेंगे।" साहब-"और जो सवेरे पकड़ लिए गए तो?" मेम ने इसका कुछ जवाब न दिया। फिर चली, मगर भुनभुना रही थीं कि इससे तो हमारी कैद ही अच्छी थी कि आराम से पड़े तो थे।

यहाँ लाकर न जाने किस जंगल में डाल दिया कि प्यासे मर जायें। कहीं बस्ती का नाम नहीं। इस तरह हम लोग आधे घंटे तक लगे होंगे कि पीछे से बहुत से आदमियों का शोर सुनाई दिया। मालूम होता था, सैंकड़ों आदमी दौड़े चले आते हैं। मैं समझ गया कि हमारे भागने का भेद खुल गया है और वही लोग हमें पकड़ने चले आ रहे हैं। साहब ने मेम से कहा, "लगता है वही शैतान हैं, हम लोग पकड़ लिए जायेंगे।" मेम-"हाँ हाँ, मालूम तो होता है।" साहब-"बेचारा कल्लू यहाँ तक तो ले आया, अब हमारे नसीब ही फूटे हों तो वह क्या कर सकता है?" मेम-"हम लोग भी दौड़ें। शायद कहीं कोई ठिकाना मिल जाये।" दोनों आदमी दौड़े। वही मेम साहब जिन्हें एक-एक पग चलना दूभर हो रहा था, दौड़ने लगीं। हिम्मत में इतना बल है! सबसे बड़ी बात यह थी कि पूरब की ओर अब कुछ प्रकाश दिखाई देने लगा ता। जरा देर में दिन निकल आयेगा, तब हमें यह तो मालूम हो जायेगा कि हम जा किधर रहे हैं, मगर साथ-ही-साथ हम दौड़ते जाते थे। इस तरह आधा घंटा और गुजरा। अब पौ फटने लगी थी। रास्ता साफ नजर आने लगा, मगर पीछा करने वाले भी बहुत समीप पहुँच गये।

उनकी आवाज साफ सुनाई देती थी। भूमि बराबर होती तो शायद वे दिखाई भी देने लगते हैं। मैं यह सोचता हुआ दौड़ रहा था कि अगर सबों ने आ पकड़ा तो हम कैसे अपनी रक्षा करेंगे? सहसा हमें एक गहरी गार-सी नजर आयी। मैंने सोचा, इस गार में छिप जायें और उसके मुँह को घास-फूस से छिपा दें तो शायद उन काले आदमियों से जान बच जाये। अगर पकड़ लिए गये तो फिर उसी काल-कोठरी में सड़ेंगे; बच गये तो दिन-भर में न जाने हम कितनी दूर निकल जायेंगे। यह सोचकर मैं उस गार के अंदर घुसा। मेम और साहब दोनों मेरा मतलब समझ गये। मेरे पीछे-पीछे वे दोनों भी गार में घुसे, पर दोनों डर रहे थे कि कहीं शेर या चिता अंदर न बैठा हो। मैं आगे था। थोड़ी ही दूर गया हूँगा कि दो दीपक-से उस अंधकार में जलते दिखाई दिये। मैं जोर से चिल्लाकर पीछे हटा। सामने सचमुच एक शेर बैठा हुआ था। अब क्या करूँ? मेरे तो जैसे होश-हवास गुम हो गये–मैं न आगे जा सकता था, न पीछे, बस, वहीं पत्थर की मूर्ति की भांति खड़ा था। साहब और मेम दोनों बेहोश होकर गिर पड़े। मैं तो भला खड़ा रहा, पर उन दोनों जनों की तो जान ही निकल-सी गयी। अब मेरे होश ठिकाने हुए। अपना डर जाता रहा। जाकर उन दोनों को सूंघा। मरे न थे। जान बाकी थी। सोचने लगा – अब क्या करूँ? एक आफत से तो मर-मर के बचे थे, यह नयी मुसीबत पड़ गयी! मगर यह बात क्या है कि शेर अपनी जगह से हिला तक नहीं, कूदकर झपटना तो दूर रहा। चुपचाप मेरी ओर ताक रहा था। मुझे उसकी आँखों में कुछ ऐसी बात नज़र

आयी कि मेरा खौफ जाता रहा। मैं डरते-डरते एक कदम और आगे बढ़ा, फिर भी शेर अपनी जगह से न हिला। अब मेरे कानों में धीरे-धीरे कराहने की आवाज हुई। समझ गया बीमार है। जरा और पास गया तो शेर ने दर्द-भरी आवाज मुँह से निकाली और अपना अगला दाहिना पैर उठाया। वह बुरी तरह फूला हुआ था। अब समझ में आ गया। इसी वजह से यह महाशय दम साधे बैठे हुए थे। बार-बार पूंछ हिलाते थे, जम्हाइयां लेते थे और हम लोगों को कूं-कूं करते थे। जरूर इसके पांव में कांटा चुभा हुआ है। मगर मैं कैसे निकालता? यहाँ भी तो दाँत बिल्कुल शेरों ही जैसे हैं। पहले तो जी में आया कि यह कुछ कर तो सकते नहीं, इन्हें यहीं पड़ा रहने दूँ। कहीं ऐसा न हो कि कांटा निकलते ही इनका मिजाज बदल जाये और एक ही जस्त में हम तीनों को चट कर जायें। मगर फिर दया आयी। ऐसा तो हम लोग कभी नहीं करते की किसी का एहसान भूल जायें। यह भी तो हमारी बिरादरी का जीव है। यह सोचकर मैं साहब के होश में आने की राह देखने लगा। आखिर थोड़ी देर में उनकी आँखें खुलीं। मुझे शेर के पास बैठे देखकर कुछ हिम्मत हुई। वहाँ से भागे नहीं। शेर ने उन्हें देखकर भी पूंछ हिलाना शुरू किया और बार-बार अपना सूजा पंजा उठाने लगा। साहब भी समझ गये कि शेर लंगड़ा है। साहब ने मेम को कई बार झिंझोड़ा। जब मेम को भी होश आ गया तो दोनों आपस में कुछ देर तक बातें करते रहे। तब साहब ने शेर के पास जाकर उसका पंजा उठाया और धीरे-धीरे

कांटा निकाल दिया। शेर का दर्द जाता रहा। उसने साहब के पैरों पर सिर रख दिया और पूंछ हिलाने लगा।

एकाएक बाहर आदमियों के चिल्लाने की आवाज सुनाई दी। मैं समझ गया कि जंगली लोग हमारा पीछा करते हुए आ पहुँचे हैं। मैं जाकर द्वार पर खड़ा हो गया – यहाँ तो किसी को आने न दूँगा, चाहे मर ही क्यों न जाऊँ? मैं द्वार पर आया ही था कि दस-बारह आदमी लंबे-लंबे भाले लिए, मुँह पर लाल रंग लगाये सामने आ खड़े हुए और मुझे देखते ही तालियाँ बजाकर खुश होने लगे। खुश हो रहे थे कि अब मार लिया, बचकर कहाँ जा सकते हैं। दो-तीन आदमी गार में बैठने की कोशिश करने लगे। उस भाले और ढाल के सामने मेरी क्या चलती! बस खड़ा भौंक रहा था। अरे! क्या आसमान फट पड़ा! या दो पहाड़ लड़ गये? ऐसे जोर की गरज हुई कि सारी गुफा हिल गयी। शेर की गरज थी। आदमियों को द्वार पर देखते ही उसने एक जस्त मारी और द्वार पर आ पहुँचा। कुछ न पूछो, उन दुष्टों में कैसी भगदड़ मच गयी। भाले और ढालें छोड़ छोड़ कर एक-दूसरे पर गिरते-पड़ते भागे, मगर एक को शेर ने दबोच लिया और हमारे सामने ही उसे चट कर गया। मेरे तो रोयें खड़े हो गये और मेम साहब ने आँखें बंद कर लीं। मैं सोचने लगा– किसी तरह यहाँ से भाग जाना चाहिए। इस भयानक जानवर का क्या ठिकाना? न जाने कब इसका मिजाज बदल जाये और हमारी तुक्का-बोटी कर डाले। कोई घंटे-भर तो मैं वहाँ जब्त किए बैठा

रहा। जब मैंने बाहर आकर देख लिया कि उन आदमियों में से एक का भी बता नहीं, तब मैंने साहब से चलने का इशारा किया। वे दोनों डरते-डरते निकले और फिर उसी तरफ चल पड़े।

शेर सिर झुकाये हमारे आगे इस तरह चला जा रहा था, जैसे गाय हो। फिर भी मेरा तो यही जी चाहता था कि यह महाशय अब हमारे ऊपर दया करते और हमें अपनी राह जाने जेते। शाम होते-होते हम लोग एक जंगल में पहुँच गये। इतना घना जंगल था कि कुछ सुझायी न देता था। शेर के पीछे-पीछे चले जाते थे। एकाएक वह कोई आहट पाकर ठिठक गया। फिर कान खड़े कर लिए और आहिस्ता-आहिस्ता गुर्राने लगा। सहसा सामने एक शेर आ गया। मेरी तो जान निकल गयी और साहब और मेम दोनों एक पेड़ की आड़ में दुबक गये, मगर उस शैतान ने हमें देख लिया था। वह जोर से गरजकर साहब की तरफ चला कि हमारे शेर ने लपककर उस पर हमला किया। दोनों गुंथ गये। हमारे प्राण सूखे जाते थे। कहीं उसने हमारे मित्र शेर को मार लिया तो फिर हम लोगों की खैरियत नहीं। मैं चाहता तो भाग जाता, पर साहब और मेम को छोड़कर कैसे भागता? पेड़ इतने सीधे और घने थे कि उन पर चढ़ना मुश्किल था। मन में मना रहे थे कि हमारे शेर की जीत हो। कभी वह दबा लेता, कभी यह; कभी पंजों से लड़ते, कभी दांतों से। दोनों पंजों से लड़ते-लड़ते खड़े हो जाते। मुँह और बदन से खून बह रहा था, दोनों की आँखों से ज्वाला निकल रही थी, दोनों गरज रहे थे और हम

साँस रोके हुए यह लड़ाई देख रहे थे। घंटे-भर की लड़ाई के बाद आखिर हमारे मित्र की जीत हुई। उसने उसे चित गिरा दिया और पंजे से उसका पेट फाड़ डाला। हम तीनों खुशी से नाचने लगे, मगर हमारे मित्र शेर का भी कचूमर निकल गया था। सारी देह जख्मों से चूर हो रही थी। वहीं लेट गये।

हमने भी वहीं रात काटी। खाने को कुछ न मिला। साहब और मेम ने रास्ते में कोई फल खाया था, पर मुझे फलों से क्या मतलब? मुझे तो शिकार चाहिए और अंधेरे में कोई शिकार करना कठिन था। मैं उपासा ही रह गया। दूसरे दिन हम लोग समुद्र के किनारे पहुँचे, मगर अफसोस! मैं समुद्र के किनारे किसी शिकार की टोह में था कि हमारे मित्र शेर ने, जो थककर एक चट्टान की आड़ में बैठा था, धीरे-धीरे कराहना शुरू किया। मैंने जाकर देखा, तो उसकी आँखें पथरा गयी थीं। थोड़ी देर में वह वहीं मर गया। कल की लड़ाई में वह बहुत घायल हो गया था। मैं बड़ी देर तक उसकी लाश पर बैठा रोता रहा। मेम और साहब भी बहुत दुखी हुए, मगर समुद्र के किनारे पहुँचने की खुशी में वह गम जल्द भूल गये। मैं अभी शिकार की तलाश में ही था कि सहसा किसी चीज के घरघराने की आवाज कानों में आयी। ऐसी आवाज मैंने कभी नहीं सुनी थी। रेल की आवाज सुन चुका था – भक्-भक्-भक्-भक्; मोटरकार की आवाज सुन चुका था। यह आवाज उन सभी से अलग थी, जैसे आसमान पर कोई पवन-चक्की चल रही हो।

साहब और मेम साहब आवाज सुनते ही आसमान की ओर देखने लगे। मैंने भी ऊपर देखा। कोई बड़ी चीलसी दिखाई दी! साहब ने अपनी टोपी उतारकर हवा में उछाली, मेम साहब भी अपना रूमाल हिलाने लगीं। दोनों तालियाँ बजाते थे, नाचते थे। मेरी समझ में कुछ न आता था – ये लोग क्यों इतने खुश हो रहे हैं? मगर यह क्या बात है? वह आसमान में उड़ने वाली चिड़िया तो नीचे उतरने लगी। ओह! कितनी बड़ी चिड़िया थी! मैंने कभी इतनी भीमकाय चिड़िया न देखी थी। अजायबखाने में शुतुरमुर्ग देखा था, मगर वह भी इसके सामने ऐसा था, जैसे छोटा-सा कबूतर। देखते-देखते वह नीचे आया और उसमें से दो आदमी उतर पड़े। पीछे मुझे मालूम हुआ कि यह भी एक तरह की सवारी है, जो आदमियों को लेकर हवा में उड़ती है। उन दोनों ने हमारे साहब और मेम के साथ हाथ मिलाया, कुछ बातें कीं और फिर उसी सवारी में जा बैठे।

एक क्षण में साहब ने मुझे गोद में उठा लिया और मेरा मुँह चूमकर उसी सवारी में बिठा दिया। फिर मेम और वह भी आकर बैठ गये। मेरी तो मारे डर के जान सूखी जाती थी। क्या हम हवा में उड़ेंगे? कहीं यह कल बिगड़ जाये तो हमारी हड्डी-पसली का भी पता न चले। मगर साहब बार-बार मेरा सिर थपथपाकर मेरी हिम्मत बँधाते जाते थे। फिर चारों आदमी मेज पर बैठकर खाना खाने लगे। मुझे भी माँस का एक टुकड़ा दिया। मैं खाना खाने में ऐसा मस्त हुआ कि सारा भय दिल से जाता रहा। शोर इतना हो रहा

था कि मेरा कलेजा काँपने लगा था। कई बार तो उसने ऐसी करवट ली की मुझे ऐसा लगा कि यह उलटना चाहती है। मैं चिल्लाने लगा। लेकिन जरा देर में वह संभल गयी। हम एक रात और एक दिन उसी सवारी में रहे। कभी तो वह इतनी ऊँची उठती मालूम होती कि सीधे तारों से टक्कर लेगी। साहब और मेम दोनों सो रहे थे, लेकिन मुझे नींद कहाँ! मैं तो बराबर 'भगवान-भगवान' कर रहा था कि किसी तरह वह संकट टले।

दूसरे दिन प्रातःकाल बड़े ज़ोर का तूफान आया। यह यंत्र भंवर में पड़ी हुई किश्ती के समान चक्कर खाने लगा। बिजली इतने जोर से कड़कती थीं कि जान पड़ता था – सिर पर गिरी। चमक इतनी तेज थी कि आँखें झपक जातीं थीं। यंत्र कभी दायें करवट हो जाता, कभी बायें। कभी-कभी तो उसके पंख रुक जाते, और जान पड़ता वह नीचे की ओर गिरा जा रहा है। चारों आदमी घबराये हुए थे और ईश्वर-ईश्वर कर रहे थे। मेम साहब तो आँखों पर रूमाल रखे रो रही थीं। घबराया मैं भी कुछ कम न था, मगर मेम साहब के रोने पर मुझे हँसी आ गयी। पूछो, उनके रोने से क्या तूफान चला जायेगा? वह समय रोने का नहीं, दिल को मजबूत करके खतरे का सामना करने का था, लेकिन समझाता कौन? आखिर एक घंटे में अंधड़ शांत हो गया और यंत्र सीधा चलने लगा। दोपहर होते-होते वह एक बड़े मैदान में उतरा, जहाँ झंडियां गड़ी हुई थीं और उसी तरह के कंई और यंत्र रखे हुए थे।

साहब ने मुझे गोद में लेकर उतारा और एक मोटरकार पर बैठकर चले। अब मैंने देखा तो हम साहब के बंगले की ओर जा रहे थे। मेरे कितने ही दोस्त पुरानी सड़कों पर घूमते नजर आये। मेरा जी चाहता था, इनके पास जाकर गले मिलूँ, उनका कुशल-क्षेम पूछूं और अपनी यात्रा का वृत्तांत सुनाऊं; लेकिन मोटर भागी जा रही थी। एक क्षण में हम बंगले पर पहुँचे। मैं अभी नींद भी न लेने पाया था कि नौकर ने आकर मुझे नहलाना शुरू कर दिया। फिर उसने मेरे गले में एक रेशमी पट्टा डाला और मुझे लाकर साहब के मुलाकाती कमरे में एक सोफा पर बिठा दिया। मेम साहब प्लेट में मेरा भोजन लायीं और अपने हाथों से खिलाने लगीं। उस वक्त मुझे ऐसा अभिमान हुआ कि क्या कहूँ? जी चाहता था, मेरी बिरादरी वाले आकर देखें और मुझ पर गर्व करें। मुझमें कोई सुर्खाब के पर नहीं लग गये हैं। मैं आज भी वही कल्लू हूँ – वही कमजोर, मरियल कल्लू। मगर मैंने अपने कर्तव्यपालन में कभी चूक नहीं की, सच्चाई को कभी हाथ से नहीं जाने दिया, मैत्री को हमेशा निभाया और एहसान कभी नहीं भूला। अवसर पड़ने पर खतरों का निडर होकर, हथेली पर जान रखकर, सामना किया। जो कुछ सत्य समझा उसकी रक्षा में प्राण तक देने को तैयार रहा, और उसी की बरकत है कि मैं आज इतना स्नेह और आदर पा रहा हूँ। दूसरे दिन मैंने देखा कि कमरे के द्वार पर परदा डाल दिया गया है और वहाँ पर एक चपरासी बिठा दिया गया है। शहर के बड़े-बड़े आदमी मुझे देखने आ रहे हैं, और मुझ पर फूलों की वर्षा कर रहे हैं।

अच्छे-अच्छे जेंटलमैन कोट पतलून पहने, अच्छी-अच्छी महिलायें गाउन और हैट से सुशोभित, बड़े-बड़े सेठ-साहूकार, बड़े-बड़े घरों की देवियां, स्कूलों और कालेजों के लड़के, फौजों के सिपाही, सभी आ-आकर मुझे देखते हैं और मेरी प्रशंसा करते हैं – कोई फूल चढ़ाता है, कोई डंडौत करता है, कोई हाथ जोड़ता है। शायद सब समझ रहे थे, यह कोई देवता है और इस रूप में संसार का कल्याण करने आया है। जेंटलमैन लोग देवता का अर्थ तो न समझते थे, पर कोई गैर-मामूली, चमत्कारी जीव अवश्य समझ रहे थे। कई देवियों ने तो मेरे पांव भी छुए। मुझे उनकी मूर्खता पर हँसी आ रही थी। आदमियों में भी ऐसे-ऐसे अक्ल के अंधे मौजूद हैं। दिन-भर तो यही लीला होती रही।

शाम को मैं अपने जन्म-स्थान की ओर भागा। मगर ज्यों ही नजदीक पहुँचा कि मेरे भाइयों का एक गोल मुझपर झपटा। अभागे शायद यह समझ रहे थे कि मैं उनकी हड्डियां छीनने आया हूँ। यह नहीं जानते कि अब मैं वह कल्लू नहीं हूँ, मेरी पूजा होती है। मैंने दुम दबा ली और दांत निकालकर और नाक सिकोड़कर प्राणदान माँगा; पर उन बेरहमों को मुझ पर जरास भी दया न आयी। ऐसा जान पड़ता था, इनसे कभी की जान-पहचान ही नहीं है। मैं तो उनसे अपना दुख-सुख कहने और कुछ उपदेश देने आया था। उसका मुझे यह पुरस्कार मिल रहा था। ठीक उसी वक्त मेरे पुराने स्वामी पंडित जी लठिया टेकते चले आ रहे थे। उन्हें देखते ही जैसे

मेरे बदन में नयी शक्ति आ गयी। दौड़कर पंडित जी के पास पहुँचा और दुम हिलाने लगा। पंडित जी मुझे देखते ही पहचान गये और तुरंत मेरे सिर पर हाथ रखकर मुझे दुआ दी और प्रसन्न मुख होकर बोले, "तो अब बहुत बड़े ऋषि हो गये कल्लू! तुम्हारी तो अखबारों में तारीफ हो रही है। तुम इन गधों के बीच में कैसे आ फंसे?" और उन्होंने डंडा तानकर उन दुष्टों को धमकाया जो अभी तक मुझ पर झपटने को तैयार थे, मगर डंडा देखते ही सब-के-सब चूहों की तरह भागे।

मैं पंडित जी के पीछे-पीछे हो लिया और बचपन के क्रीड़ा-क्षेत्र की सैर करता हुआ पंडित जी के घर गया। बार-बार जकिया और माता जी की याद आ रही थी। यह आदर-सम्मान उनके बिना था। पंडित जी के घर में मेरा पहुँचना था कि पंडिताइन ने दौडकर मुझे हाथ जोड़े। जरा देर में मुहल्ले में मेरे आने की खबर फैल गयी। फिर क्या था! लोग दर्शनों को आने लगे और कइयों ने तो मुझ पर पैसे और रुपये और मिठाइयां चढ़ाईं।

जब मैंने देखा कि भीड़ बढ़ती जा रही है तो वहाँ से चल खड़ा हुआ और सीधा अपने बंगले पर चला गया। और तब से कई नुमाइशों में जा चुका हूँ, कई राजाओं का मेहमान रह चुका हूँ। सुना है, मेरी कीमत एक लाख तक लग लयी है, मगर साहब मुझे किसी दाम पर भी अलग नहीं करना चाहते। मेरी खातिर दिन-दिन

ज्यादा होती जा रही है। मुझे रोज शाम-सवेरे दो आदमी सैर कराने ले जाते हैं; नित्य मुझे स्नान कराया जाता है और बड़ा स्वादिष्ट और बलवर्धक भोजन दिया जाता है। मैं अकेला कहीं नहीं जा सकता। मगर अब यह मान-सम्मान मुझे बहुत अखरने लगा है। यह बड़प्पन मेरे लिए कैद से कम नहीं है। उस आजादी के लिए जी तड़पता रहता है, जब मैं चारों तरफ मस्त घूमा करता था। न जाने आदमी साधु बनकर मुफ्त का माल कैसे उड़ाता है! मुझे तो सेवा करने में जो आनंद मिलता है, वह सेवा पाने में नहीं मिलता, शतांश भी नहीं।

ईदगाह

1

रमजान के पूरे तीस रोजों के बाद ईद आयी है। कितना मनोहर, कितना सुहावना प्रभाव है। वृक्षों पर अजीब हरियाली है, खेतों में कुछ अजीब रौनक है, आसमान पर कुछ अजीब लालिमा है। आज का सूर्य देखो, कितना प्यारा, कितना शीतल है, यानी संसार को ईद की बधाई दे रहा है। गाँव में कितनी हलचल है। ईदगाह जाने की तैयारियाँ हो रही हैं। किसी के कुरते में बटन नहीं है, पड़ोस के घर में सुई-धागा लेने दौड़ा जा रहा है। किसी के जूते कड़े हो गए हैं, उनमें तेल डालने के लिए तेली के घर पर भागा जाता है। जल्दी-जल्दी बैलों को सानी-पानी दे दें। ईदगाह से लौटते-लौटते दोपहर हो जाएँगी। तीन कोस का पैदल रास्ता, फिर सैकड़ों आदमियों से

मिलना-भेंटना, दोपहर के पहले लौटना असम्भव है। लड़के सबसे ज्यादा प्रसन्न हैं। किसी ने एक रोजा रखा है, वह भी दोपहर तक, किसी ने वह भी नहीं, लेकिन ईदगाह जाने की खुशी उनके हिस्से की चीज है। रोजे बड़े-बूढ़ों के लिए होंगे। इनके लिए तो ईद है। रोज ईद का नाम रटते थे, आज वह आ गयी। अब जल्दी पड़ी है कि लोग ईदगाह क्यों नहीं चलते। इन्हें गृहस्थी की चिंताओं से क्या प्रयोजन! सेवैयों के लिए दूध ओर शक्कर घर में है या नहीं, इनकी बला से, ये तो सेवेयाँ खायेंगे। वह क्या जानें कि अब्बाजान क्यों बदहवास चौधरी कायमअली के घर दौड़े जा रहे हैं। उन्हें क्या खबर कि चौधरी आँखें बदल लें, तो यह सारी ईद मुहर्रम हो जाएँ। उनकी अपनी जेबों में तो कुबेर का धन भरा हुआ है। बार-बार जेब से अपना खजाना निकालकर गिनते हैं और खुश होकर फिर रख लेते हैं। महमूद गिनता है, एक-दो, दस,-बारह, उसके पास बारह पैसे हैं। मोहसिन के पास एक, दो, तीन, आठ, नौ, पंद्रह पैसे हैं। इन्हीं अनगिनती पैसों में अनगिनती चीजें लायेंगे- खिलौने, मिठाइयाँ, बिगुल, गेंद और जाने क्या-क्या।

और सबसे ज्यादा प्रसन्न है हामिद। वह चार-पाँच साल का गरीब- सूरत, दुबला-पतला लड़का, जिसका बाप गत वर्ष हैजे की भेंट हो गया और माँ न जाने क्यों पीली होती-होती एक दिन मर गयी। किसी को पता क्या बीमारी है। कहती तो कौन सुनने वाला

था? दिल पर जो कुछ बीतती थी, वह दिल में ही सहती थी ओर जब न सहा गया तो संसार से विदा हो गयी। अब हामिद अपनी बूढ़ी दादी अमीना की गोद में सोता है और उतना ही प्रसन्न है। उसके अब्बाजान रूपये कमाने गए हैं। बहुत-सी थैलियाँ लेकर आयेंगे। अम्मीजान अल्लाह मियाँ के घर से उसके लिए बड़ी अच्छी-अच्छी चीजें लाने गयी हैं, इसलिए हामिद प्रसन्न है। आशा तो बड़ी चीज है, और फिर बच्चों की आशा! उनकी कल्पना तो राई का पर्वत बना लेती है। हामिद के पाँव में जूते नहीं हैं, सिर पर एक पुरानी-धुरानी टोपी है, जिसका गोटा काला पड़ गया है, फिर भी वह प्रसन्न है। जब उसके अब्बाजान थैलियाँ और अम्मीजान नियामतें लेकर आयेंगी, तो वह दिल से अरमान निकाल लेगा। तब देखेगा, मोहसिन, नूरे और सम्मी कहाँ से उतने पैसे निकालेंगे। अभागिन अमीना अपनी कोठरी में बैठी रो रही है। आज ईद का दिन, उसके घर में दाना नहीं! आज आबिद होता, तो क्या इसी तरह ईद आती ओर चली जाती! इस अंधकार और निराशा में वह डूबी जा रही है। किसने बुलाया था इस निगोड़ी ईद को? इस घर में उसका काम नहीं, लेकिन हामिद! उसे किसी के मरने-जीने से क्या मतलब? उसके अन्दर प्रकाश है, बाहर आशा। विपत्ति अपना सारा दल-बल लेकर आये, हामिद की आनंद-भरी चितवन उसका विध्वंस कर देगी।

हामिद भीतर जाकर दादी से कहता है- तुम डरना नहीं अम्माँ, मैं सबसे पहले आऊँगा। बिल्कुल न डरना।

अमीना का दिल कचोट रहा है। गाँव के बच्चे अपने-अपने बाप के साथ जा रहे हैं। हामिद का बाप अमीना के सिवा और कौन है! उसे कैसे अकेले मेले जाने दे? उस भीड़-भाड़ से बच्चा कहीं खो जाएँ तो क्या हो? नहीं, अमीना उसे यों न जाने देगी। नन्ही-सी जान! तीन कोस चलेगा कैसे? पैर में छाले पड़ जाएँगे। जूते भी तो नहीं हैं। वह थोड़ी-थोड़ी दूर पर उसे गोद में ले लेती, लेकिन यहाँ सेवैयाँ कौन पकायेगा? पैसे होते तो लौटते-लौटते सब सामग्री जमा करके चटपट बना लेती। यहाँ तो घंटों चीजें जमा करते लगेंगे। माँगे का ही तो भरोसा ठहरा। उस दिन फहीमन के कपड़े सिले थे। आठ आने पैसे मिले थे। उस अठन्नी को ईमान की तरह बचाती चली आती थी इसी ईद के लिए लेकिन कल ग्वालन सिर पर सवार हो गयी तो क्या करती? हामिद के लिए कुछ नहीं है, तो दो पैसे का दूध तो चाहिए ही। अब तो कुल दो आने पैसे बच रहे हैं। तीन पैसे हामिद की जेब में, पाँच अमीना के बटवे में। यही तो बिसात है और ईद का त्यौहार, अल्लाह ही बेड़ा पार लगावे। धोबन और नाइन और मेहतरानी और चुड़िहारिन सभी तो आयेंगी। सभी को सेवैयाँ चाहिए और थोड़ा किसी को आँखों नहीं लगता। किस-किस से मुँह चुरायेगी? और मुँह क्यों चुराये? साल भर का त्यौहार है। ज़िंदगी

ख़ैरियत से रहे, उनकी तकदीर भी तो उसी के साथ है। बच्चे को खुदा सलामत रखे, यें दिन भी कट जाएँगे।

गाँव से मेला चला। और बच्चों के साथ हामिद भी जा रहा था। कभी सबके सब दौड़कर आगे निकल जाते। फिर किसी पेड़ के नीचे खड़े होकर साथ वालों का इंतज़ार करते। यह लोग क्यों इतना धीरे-धीरे चल रहे हैं? हामिद के पैरों में तो जैसे पर लग गए हैं। वह कभी थक सकता है? शहर का दामन आ गया। सड़क के दोनों ओर अमीरों के बगीचे हैं। पक्की चारदीवारी बनी हुई है। पेड़ो में आम और लीचियाँ लगी हुई हैं। कभी-कभी कोई लड़का कंकड़ी उठाकर आम पर निशान लगाता है। माली अंदर से गाली देता हुआ निकलता है। लड़के वहाँ से एक फर्लांग पर हैं। खूब हँस रहे हैं। माली को कैसा उल्लू बनाया है।

बड़ी-बड़ी इमारतें आने लगीं। यह अदालत है, यह कालेज है, यह क्लब- घर है। इतने बड़े कालेज में कितने लड़के पढ़ते होंगे? सब लड़के नहीं हैं जी! बड़े-बड़े आदमी हैं, सच! उनकी बड़ी-बड़ी मूँछें हैं। इतने बड़े हो गए, अभी तक पढ़ने जाते हैं। न जाने कब तक पढ़ेंगे और क्या करेंगे इतना पढ़कर! हामिद के मदरसे में दो-तीन बड़े-बड़े लड़के हैं, बिल्कुल तीन कौड़ी के। रोज मार खाते हैं, काम से जी चुराने वाले। इस जगह भी उसी तरह के लोग होंगे ओर क्या। क्लब-घर में जादू होता है। सुना है, यहाँ मुर्दो की खोपड़ियाँ दौड़ती हैं। और बड़े-बड़े तमाशे होते हैं, पर किसी को अंदर नहीं जाने देते।

और वहाँ शाम को साहब लोग खेलते हैं। बड़े-बड़े आदमी खेलते हैं, मूँछों दाढ़ी वाले। और मेमें भी खेलती हैं, सच! हमारी अम्माँ को यह दे दो, क्या नाम है, बैट, तो उसे पकड़ ही न सकें। घुमाते ही लुढ़क जाएँ।

महमूद ने कहा- हमारी अम्मीजान का तो हाथ काँपने लगे, अल्ला कसम।

मोहसिन बोला- चलो, मनों आटा पीस डालती हैं। ज़रा-सा बैट पकड़ लेंगी, तो हाथ काँपने लगेंगे! सैकड़ों घड़े पानी रोज निकालती हैं। पाँच घड़े तो तेरी भैंस पी जाती है। किसी मेम को एक घड़ा पानी भरना पड़े, तो आँखों तले अँधेरा आ जाएँ।

महमूद- लेकिन दौड़ती तो नहीं, उछल-कूद तो नहीं सकतीं।

मोहसिन - हाँ, उछल-कूद तो नहीं सकतीं; लेकिन उस दिन मेरी गाय खुल गयी थी और चौधरी के खेत में जा पड़ी थी, अम्माँ इतना तेज दौड़ीं कि मैं उन्हें न पा सका, सच।

आगे चले। हलवाइयों की दुकानें शुरू हुईं। आज खूब सजी हुई थीं। इतनी मिठाइयाँ कौन खाता है? देखो न, एक-एक दूकान पर मनों होंगी। सुना है, रात को जिन्नात आकर खरीद ले जाते हैं। अब्बा कहते थे कि आधी रात को एक आदमी हर दूकान पर जाता है और जितना माल बचा होता है, वह तुलवा लेता है और सचमुच के रूपये देता है, बिल्कुल ऐसे ही रूपये।

हामिद को यकीन न आया- ऐसे रूपये जिन्नात को कहाँ से मिल जाएँगे?

मोहसिन ने कहा- जिन्नात को रूपये की क्या कमी? जिस खजाने में चाहे चले जाएँ। लोहे के दरवाजे तक उन्हें नहीं रोक सकते जनाब, आप हैं किस फेर में! हीरे-जवाहरात तक उनके पास रहते हैं। जिससे खुश हो गये, उसे टोकरों जवाहरात दे दिये। अभी यहीं बैठे हैं, पाँच मिनट में कलकत्ता पहुँच जाएँ।

हामिद ने फिर पूछा- जिन्नात बहुत बड़े-बड़े होते हैं?

मोहसिन- एक-एक सिर आसमान के बराबर होता है जी! जमीन पर खड़ा हो जाएँ तो उसका सिर आसमान से जा लगे, मगर चाहे तो एक लोटे में घुस जाएँ।

हामिद- लोग उन्हें कैसे खुश करते होंगे? कोई मुझे यह मंतर बता दे तो एक जिन्न को खुश कर लूँ।

मोहसिन- अब यह तो मैं नहीं जानता, लेकिन चौधरी साहब के काबू में बहुत-से जिन्नात हैं। कोई चीज चोरी जाएँ चौधरी साहब उसका पता लगा देंगे ओर चोर का नाम बता देंगे। जुमराती का बछवा उस दिन खो गया था। तीन दिन हैरान हुए, कहीं न मिला तब झख मारकर चौधरी के पास गये। चौधरी ने तुरन्त बता दिया, मवेशीखाने में है और वहीं मिला। जिन्नात आकर उन्हें सारे जहान की खबर दे जाते हैं।

अब उसकी समझ में आ गया कि चौधरी के पास क्यों इतना धन है और क्यों उनका इतना सम्मान है।

आगे चले। यह पुलिस लाइन है। यहीं सब कानिसटिबिल कवायद करते हैं। रैटन! फाय फो! रात को बेचारे घूम-घूमकर पहरा देते हैं, नहीं चोरियाँ हो जाएँ। मोहसिन ने प्रतिवाद किया-यह कानिसटिबिल पहरा देते हैं? तभी तुम बहुत जानते हो। अजी हजरत, यह चोरी करते हैं। शहर के जितने चोर-डाकू हैं, सब इनसे मिले रहते हैं। रात को ये लोग चोरों से तो कहते हैं, चोरी करो और आप दूसरे मुहल्ले में जाकर 'जागते रहो! जागते रहो!' पुकारते हैं। तभी इन लोगों के पास इतने रूपये आते हैं। मेरे मामू एक थाने में कानिसटिबिल हैं। बीस रूपया महीना पाते हैं, लेकिन पचास रूपये घर भेजते हैं। अल्ला कसम! मैंने एक बार पूछा था कि मामू, आप इतने रूपये कहाँ से पाते हैं? हँसकर कहने लगे- बेटा, अल्लाह देता है। फिर आप ही बोले-हम लोग चाहें तो एक दिन में लाखों मार लायें। हम तो इतना ही लेते हैं, जिसमें अपनी बदनामी न हो और नौकरी न चली जाएँ।

हामिद ने पूछा- यह लोग चोरी करवाते हैं, तो कोई इन्हें पकड़ता नहीं?

मोहसिन उसकी नादानी पर दया दिखाकर बोला- अरे, पागल! इन्हें कौन पकड़ेगा! पकड़ने वाले तो यह लोग खुद हैं, लेकिन अल्लाह,

इन्हें सजा भी खूब देता है। हराम का माल हराम में जाता है। थोड़े ही दिन हुए, मामू के घर में आग लग गयी। सारी लेई-पूँजी जल गयी। एक बरतन तक न बचा। कई दिन पेड़ के नीचे सोये, अल्ला कसम, पेड़ के नीचे! फिर न जाने कहाँ से एक सौ कर्ज लाये तो बरतन-भांडे आये।

हामिद-एक सौ तो पचास से ज्यादा होते हैं?

'कहाँ पचास, कहाँ एक सौ। पचास एक थैली-भर होता है। सौ तो दो थैलियों में भी न आएँ?

अब बस्ती घनी होने लगी। ईदगाह जाने वालों की टोलियाँ नजर आने लगीं। एक से एक भड़कीले वस्त्र पहने हुए। कोई इक्के-ताँगे पर सवार, कोई मोटर पर, सभी इत्र में बसे, सभी के दिलों में उमंग। ग्रामीणों का यह छोटा-सा दल अपनी विपन्नता से बेखबर, सन्तोष ओर धैर्य में मगन चला जा रहा था। बच्चों के लिए नगर की सभी चीजें अनोखी थीं। जिस चीज की ओर ताकते, ताकते ही रह जाते और पीछे से बार-बार हार्न की आवाज होने पर भी न चेतते। हामिद तो मोटर के नीचे जाते-जाते बचा।

सहसा ईदगाह नजर आयी। ऊपर इमली के घने वृक्षों की छाया है। नीचे पक्का फर्श है, जिस पर जाजम बिछा हुआ है। और रोजेदारों की पंक्तियाँ एक के पीछे एक न जाने कहाँ तक चली गयी हैं, पक्की जगत के नीचे तक, जहाँ जाजम भी नहीं है। नये आने वाले

आकर पीछे की कतार में खड़े हो जाते हैं। आगे जगह नहीं है। यहाँ कोई धन और पद नहीं देखता। इस्लाम की निगाह में सब बराबर हैं। इन ग्रामीणों ने भी वजू किया ओर पिछली पंक्ति में खड़े हो गये। कितना सुन्दर संचालन है, कितनी सुन्दर व्यवस्था! लाखों सिर एक साथ सिजदे में झुक जाते हैं, फिर सबके सब एक साथ खड़े हो जाते हैं, एक साथ झुकते हैं, और एक साथ घुटनों के बल बैठ जाते हैं। कई बार यही क्रिया होती है, जैसे बिजली की लाखों बत्तियाँ एक साथ प्रदीप्त हों और एक साथ बुझ जाएँ, और यही क्रम चलता रहा। कितना अपूर्व दृश्य था, जिसकी सामूहिक क्रियाएँ, विस्तार और अनंतता हृदय को श्रद्धा, गर्व और आत्मानंद से भर देती थीं, मानों भ्रातृत्व का एक सूत्र इन समस्त आत्माओं को एक लड़ी में पिरोये हुए है।

2

नमाज खत्म हो गयी है। लोग आपस में गले मिल रहे हैं। तब मिठाई और खिलौने की दूकान पर धावा होता है। ग्रामीणों का यह दल इस विषय में बालकों से कम उत्साही नहीं है। यह देखो, हिंडोला है एक पैसा देकर चढ़ जाओ। कभी आसमान पर जाते हुए मालूम होगे, कभी जमीन पर गिरते हुए। यह चर्खी है, लकड़ी के हाथी, घोड़े, ऊँट, छड़ों में लटके हुए हैं। एक पैसा देकर बैठ जाओ और पच्चीस चक्करों का मजा लो। महमूद और मोहसिन और नूरे

और सम्मी इन घोड़ों और ऊँटों पर बैठते हैं। हामिद दूर खड़ा है। तीन ही पैसे तो उसके पास हैं। अपने कोष का एक तिहाई जरा-सा चक्कर खाने के लिए नहीं दे सकता।

सब चर्खियों से उतरते हैं। अब खिलौने लेंगे। इधर दूकानों की कतार लगी हुई है। तरह-तरह के खिलौने हैं-सिपाही और गुजरिया, राजा और वकील, भिश्ती और धोबिन और साधु। वाह! कितने सुन्दर खिलौने हैं। अब बोला ही चाहते हैं। महमूद सिपाही लेता है, खाकी वर्दी और लाल पगड़ी वाला, कंधे पर बंदूक रखे हुए, मालूम होता है, अभी कवायद किये चला आ रहा है। मोहसिन को भिश्ती पसंद आया। कमर झुकी हुई है, ऊपर मशक रखे हुए है। मशक का मुँह एक हाथ से पकड़े हुए है। कितना प्रसन्न है! शायद कोई गीत गा रहा है। बस, मशक से पानी उड़ेलना ही चाहता है। नूरे को वकील से प्रेम है। कैसी विद्वमता है उसके मुख पर! काला चोगा, नीचे सफेद अचकन, अचकन के सामने की जेब में घड़ी, सुनहरी जंजीर, एक हाथ में कानून का पोथा लिये हुए। मालूम होता है, अभी किसी अदालत से जिरह या बहस किये चले आ रहे हैं। यह सब दो-दो पैसे के खिलौने हैं। हामिद के पास कुल तीन पैसे हैं, इतने महँगे खिलौने वह कैसे ले? खिलौना कहीं हाथ से छूट पड़े तो चूर-चूर हो जाएँ। जरा पानी पड़े तो सारा रंग घुल जाएँ । ऐसे खिलौने लेकर वह क्या करेगा; किस काम के!

मोहसिन कहता है- मेरा भिश्ती रोज पानी दे जाएँगा साँझ-सबेरे।

महमूद- और मेरा सिपाही घर का पहरा देगा कोई चोर आयेगा, तो फौरन बंदूक से फैर कर देगा।

नूरे- और मेरा वकील खूब मुकदमा लड़ेगा।

सम्मी- और मेरी धोबिन रोज कपड़े धोयेगी।

हामिद खिलौनों की निंदा करता है- मिट्टी ही के तो हैं, गिरें तो चकनाचूर हो जाएँ, लेकिन ललचाई हुई आँखों से खिलौनों को देख रहा है और चाहता है कि जरा देर के लिए उन्हें हाथ में ले सकता। उसके हाथ अनायास ही लपकते हैं, लेकिन लड़के इतने त्यागी नहीं होते हैं, विशेषकर जब अभी नया शौक है। हामिद ललचाता रह जाता है।

खिलौने के बाद मिठाइयाँ आती हैं। किसी ने रेवड़ियाँ ली हैं, किसी ने गुलाबजामुन किसी ने सोहन हलवा। मज़े से खा रहे हैं। हामिद बिरादरी से पृथक है। अभागे के पास तीन पैसे हैं। क्यों नहीं कुछ लेकर खाता? ललचायी आँखों से सबकी ओर देखता है।

मोहसिन कहता है- हामिद रेवड़ी ले जा, कितनी खुशबूदार है!

हामिद को संदेह हुआ, ये केवल क्रूर विनोद है, मोहसिन इतना उदार नहीं है, लेकिन यह जानकर भी वह उसके पास जाता है। मोहसिन दोने से एक रेवड़ी निकालकर हामिद की ओर बढ़ाता है।

हामिद हाथ फैलाता है। मोहसिन रेवड़ी अपने मुँह में रख लेता है। महमूद, नूरे और सम्मी खूब तालियाँ बजा-बजाकर हँसते हैं। हामिद खिसिया जाता है।

मोहसिन- अच्छा, अबकी जरूर देंगे हामिद, अल्लाह कसम, ले जाव।

हामिद- रखे रहो। क्या मेरे पास पैसे नहीं हैं?

सम्मी- तीन ही पैसे तो हैं। तीन पैसे में क्या-क्या लोगे?

महमूद- हमसे गुलाबजामुन ले जाव हामिद। मोहमिन बदमाश है।

हामिद- मिठाई कौन बड़ी नेमत है। किताब में इसकी कितनी बुराइयाँ लिखी हैं।

मोहसिन- लेकिन दिल में कह रहे होंगे कि मिले तो खा लें। अपने पैसे क्यों नहीं निकालते?

महमूद- हम समझते हैं, इसकी चालाकी। जब हमारे सारे पैसे खर्च हो जाएँगे, तो हमें ललचा-ललचाकर खायेगा।

मिठाइयों के बाद कुछ दूकानें लोहे की चीजों की, कुछ गिलट और कुछ नकली गहनों की। लड़कों के लिए यहाँ कोई आकर्षण न था। वे सब आगे बढ़ जाते हैं, हामिद लोहे की दुकान पर रूक जाता है। कई चिमटे रखे हुए थे। उसे खयाल आया, दादी के पास चिमटा नहीं है। तवे से रोटियाँ उतारती हैं, तो हाथ जल जाता है। अगर

वह चिमटा ले जाकर दादी को दे दे तो वह कितना प्रसन्न होंगी! फिर उनकी उंगलियाँ कभी न जलेंगी। घर में एक काम की चीज हो जाएँगी। खिलौने से क्या फायदा? व्यर्थ में पैसे खराब होते हैं। जरा देर ही तो खुशी होती है। फिर तो खिलौने को कोई आँख उठाकर नहीं देखता। यह तो घर पहुँचते-पहुँचते टूट-फूट बराबर हो जाएँगे या छोटे बच्चे जो मेले में नहीं आये हैं जिद करके ले लेंगे और तोड़ डालेंगे। चिमटा कितने काम की चीज है। रोटियाँ तवे से उतार लो, चूल्हे में सेंक लो। कोई आग माँगने आये तो चटपट चूल्हे से आग निकालकर उसे दे दो। अम्माँ बेचारी को कहाँ फुरसत है कि बाजार आयें और इतने पैसे ही कहाँ मिलते हैं? रोज हाथ जला लेती हैं।

हामिद के साथी आगे बढ़ गये हैं। सबील पर सब-के-सब शर्बत पी रहे हैं। देखो, सब कितने लालची हैं। इतनी मिठाइयाँ लीं, मुझे किसी ने एक भी न दी। उस पर कहते है, मेरे साथ खेलो। मेरा यह काम करो। अब अगर किसी ने कोई काम करने को कहा, तो पूछूँगा। खायें मिठाइयाँ, आप मुँह सड़ेगा, फोड़े-फुन्सियाँ निकलेंगी, आप ही जबान चटोरी हो जाएँगी। तब घर से पैसे चुरायेंगे और मार खायेंगे। किताब में झूठी बातें थोड़े ही लिखी हैं। मेरी जबान क्यों खराब होगी? अम्माँ चिमटा देखते ही दौड़कर मेरे हाथ से ले लेंगी और कहेंगी-मेरा बच्चा अम्माँ के लिए चिमटा लाया है। कितना अच्छा लड़का है। इन लोगों के खिलौने पर कौन इन्हें दुआयें

देगा? बड़ों की दुआयें सीधे अल्लाह के दरबार में पहुँचती हैं, और तुरंत सुनी जाती हैं। मेरे पास पैसे नहीं हैं। तभी तो मोहसिन और महमूद यों मिजाज दिखाते हैं। मैं भी इनसे मिजाज दिखाऊँगा। खेलें खिलौने और खायें मिठाइयाँ। मै नहीं खेलता खिलौने, किसी का मिजाज क्यों सहूँ? मैं गरीब सही, किसी से कुछ माँगने तो नहीं जाता। आखिर अब्बाजान कभी न कभी आयेंगे। अम्मा भी आयेंगी ही। फिर इन लोगों से पूछूँगा, कितने खिलौने लोगे? एक-एक को टोकरियों खिलौने दूँ और दिखा दूँ कि दोस्तों के साथ इस तरह का सलूक किया जाता है। यह नहीं कि एक पैसे की रेवड़ियाँ लीं, तो चिढ़ा-चिढ़ाकर खाने लगे। सबके सब खूब हँसेंगे कि हामिद ने चिमटा लिया है। हँसें! मेरी बला से। उसने दुकानदार से पूछा- यह चिमटा कितने का है?

दुकानदार ने उसकी ओर देखा और कोई आदमी साथ न देखकर कहा- तुम्हारे काम का नहीं है जी!

'बिकाऊ है कि नहीं?'

'बिकाऊ क्यों नहीं है? और यहाँ क्यों लाद लाये हैं?'

तो बताते क्यों नहीं, कै पैसे का है?'

'छ: पैसे लगेंगे।'

हामिद का दिल बैठ गया।

'ठीक-ठीक पाँच पैसे लगेंगे, लेना हो लो, नहीं चलते बनो।'

हामिद ने कलेजा मजबूत करके कहा- तीन पैसे लोगे?

यह कहता हुआ वह आगे बढ़ गया कि दुकानदार की घुड़कियाँ न सुने। लेकिन दुकानदार ने घुड़कियाँ नहीं दी। बुलाकर चिमटा दे दिया। हामिद ने उसे इस तरह कंधे पर रखा, मानो बंदूक है और शान से अकड़ता हुआ संगियों के पास आया। जरा सुनें, सबके सब क्या-क्या आलोचनाएँ करते हैं!

मोहसिन ने हँसकर कहा- यह चिमटा क्यों लाया पगले, इसे क्या करेगा?

हामिद ने चिमटे को जमीन पर पटककर कहा- जरा अपना भिश्ती जमीन पर गिरा दो। सारी पसलियाँ चूर-चूर हो जाएँ बच्चू की।

महमूद बोला-तो यह चिमटा कोई खिलौना है?

हामिद- खिलौना क्यों नही है! अभी कंधे पर रखा, बंदूक हो गयी। हाथ में ले लिया, फकीरों का चिमटा हो गया। चाहूँ तो इससे मजीरे का काम ले सकता हूँ। एक चिमटा जमा दूँ, तो तुम लोगों के सारे खिलौनों की जान निकल जाएँ। तुम्हारे खिलौने कितना ही जोर लगायें, मेरे चिमटे का बाल भी बाँका नही कर सकते। मेरा बहादुर शेर है चिमटा।

सम्मी ने खँजरी ली थी। प्रभावित होकर बोला- मेरी खँजरी से बदलोगे? दो आने की है।

हामिद ने खँजरी की ओर उपेक्षा से देखा- मेरा चिमटा चाहे तो तुम्हारी खँजरी का पेट फाड़ डाले। बस, एक चमड़े की झिल्ली लगा दी, ढब-ढब बोलने लगी। जरा-सा पानी लग जाएँ तो खत्म हो जाएँ। मेरा बहादुर चिमटा आग में, पानी में, आँधी में, तूफान में बराबर डटा खड़ा रहेगा।

चिमटे ने सभी को मोहित कर लिया, अब पैसे किसके पास धरे हैं? फिर मेले से दूर निकल आये हैं, नौ कब के बज गये, धूप तेज हो रही है। घर पहुँचने की जल्दी हो रही है। बाप से जिद भी करें, तो चिमटा नहीं मिल सकता। हामिद है बड़ा चालाक। इसीलिए बदमाश ने अपने पैसे बचा रखे थे।

अब बालकों के दो दल हो गये हैं। मोहसिन, महमूद सम्मी और नूरे एक तरफ हैं, हामिद अकेला दूसरी तरफ। शास्त्रार्थ हो रहा है। सम्मी तो विधर्मी हो गया! दूसरे पक्ष से जा मिला, लेकिन मोहसिन, महमूद और नूरे भी हामिद से एक-एक, दो-दो साल बड़े होने पर भी हामिद के आघातों से आतंकित हो उठे हैं। उसके पास न्याय का बल है और नीति की शक्ति। एक ओर मिट्टी है, दूसरी ओर लोहा, जो इस वक्त अपने को फौलाद कह रहा है। वह अजेय है, घातक है। अगर कोई शेर आ जाएँ तो मियाँ भिश्ती के छक्के छूट जाएँ,

मियाँ सिपाही मिट्टी की बंदूक छोड़कर भागें, वकील साहब की नानी मर जाएँ, चोगे में मुँह छिपाकर जमीन पर लेट जाएँ। मगर यह चिमटा, यह बहादुर, यह रूस्तमे-हिंद लपककर शेर की गरदन पर सवार हो जाएँगा और उसकी आँखें निकाल लेगा।

मोहसिन ने एड़ी-चोटी का जोर लगाकर कहा- अच्छा, पानी तो नहीं भर सकता?

हामिद ने चिमटे को सीधा खड़ा करके कहा- भिश्ती को एक डाँट बतायेगा, तो दौड़ा हुआ पानी लाकर उसके द्वार पर छिड़कने लगेगा।

मोहसिन परास्त हो गया, पर महमूद ने कुमुक पहुँचाई- अगर बच्चा पकड़ जाएँ तो अदालत में बँधे-बँधे फिरेंगे। तब तो वकील साहब के पैरों पड़ेंगे।

हामिद इस प्रबल तर्क का जवाब न दे सका। उसने पूछा- हमें पकड़ने कौन आयेगा?

नूरे ने अकड़कर कहा- यह सिपाही बंदूकवाला।

हामिद ने मुँह चिढ़ाकर कहा- यह बेचारे हम बहादुर रूस्तमे-हिंद को पकड़ेंगे! अच्छा लाओ, अभी जरा कुश्ती हो जाएँ। इसकी सूरत देखकर दूर से भागेंगे। पकड़ेंगे क्या बेचारे!

मोहसिन को एक नयी चोट सूझ गयी- तुम्हारे चिमटे का मुँह रोज आग में जलेगा।

उसने समझा था कि हामिद लाजवाब हो जाएँगा, लेकिन यह बात न हुई। हामिद ने तुरंत जवाब दिया- आग में बहादुर ही कूदते हैं जनाब, तुम्हारे यह वकील, सिपाही और भिश्ती लौंडियों की तरह घर में घुस जाएँगे। आग में कूदना वह काम है, जो यह रूस्तमे-हिन्द ही कर सकता है।

महमूद ने एक जोर लगाया- वकील साहब कुरसी-मेज पर बैठेंगे, तुम्हारा चिमटा तो बावरचीखाने में जमीन पर पड़ा रहेगा।

इस तर्क ने सम्मी और नूरे को भी सजीव कर दिया! कितने ठिकाने की बात कही है पट्ठे ने! चिमटा बावरचीखाने में पड़ा रहने के सिवा और क्या कर सकता है?

हामिद को कोई फड़कता हुआ जवाब न सूझा, तो उसने धाँधली शुरू की- मेरा चिमटा बावरचीखाने में नही रहेगा। वकील साहब कुर्सी पर बैठेंगे, तो जाकर उन्हें जमीन पर पटक देगा और उनका कानून उनके पेट में डाल देगा।

बात कुछ बनी नहीं। खासी गाली-गलौज थी; लेकिन कानून को पेट में डालने वाली बात छा गयी। ऐसी छा गयी कि तीनों सूरमा मुँह ताकते रह गये मानो कोई धेलचा कनकौआ किसी गंडेवाले कनकौए को काट गया हो। कानून मुँह से बाहर निकलने वाली चीज है। उसको पेट के अंदर डाल दिया जाना बेतुकी-सी बात होने पर भी कुछ नयापन रखती है। हामिद ने मैदान मार लिया। उसका

चिमटा रूस्तमे-हिन्द है। अब इसमें मोहसिन, महमूद नूरे, सम्मी किसी को भी आपत्ति नहीं हो सकती।

विजेता को हारने वालों से जो सत्कार मिलना स्वाभविक है, वह हामिद को भी मिला। औरों ने तीन-तीन, चार-चार आने पैसे खर्च किए, पर कोई काम की चीज न ले सके। हामिद ने तीन पैसे में रंग जमा लिया। सच ही तो है, खिलौनों का क्या भरोसा? टूट-फूट जाएँगे। हामिद का चिमटा तो बना रहेगा बरसों?

संधि की शर्तें तय होने लगीं। मोहसिन ने कहा- जरा अपना चिमटा दो, हम भी देखें। तुम हमारा भिश्ती लेकर देखो।

महमूद और नूरे ने भी अपने-अपने खिलौने पेश किये।

हामिद को इन शर्तों को मानने में कोई आपत्ति न थी। चिमटा बारी-बारी से सबके हाथ में गया, और उनके खिलौने बारी-बारी से हामिद के हाथ में आये। कितने खूबसूरत खिलौने हैं।

हामिद ने हारने वालों के आँसू पोंछे- मैं तुम्हे चिढ़ा रहा था, सच! यह चिमटा भला, इन खिलौनों की क्या बराबरी करेगा, मालूम होता है, अब बोले, अब बोले।

लेकिन मोहसिन की पार्टी को इस दिलासे से संतोष नहीं होता। चिमटे का सिक्का खूब बैठ गया है। चिपका हुआ टिकट अब पानी से नहीं छूट रहा है।

मोहसिन- लेकिन इन खिलौनों के लिए कोई हमें दुआ तो न देगा?

महमूद- दुआ को लिये फिरते हो। उल्टे मार न पड़े। अम्माँ जरूर कहेंगी कि मेले में यही मिट्टी के खिलौने मिले?

हामिद को स्वीकार करना पड़ा कि खिलौनों को देखकर किसी की माँ इतनी खुश न होंगी, जितनी दादी चिमटे को देखकर होंगी। तीन पैसों ही में तो उसे सब कुछ करना था ओर उन पैसों के इस उपयोग पर पछतावे की बिल्कुल जरूरत न थी। फिर अब तो चिमटा रूस्तमें-हिन्द है ओर सभी खिलौनों का बादशाह।

रास्ते में महमूद को भूख लगी। उसके बाप ने केले खाने को दिये। महमूद ने केवल हामिद को साझी बनाया। उसके अन्य मित्र मुँह ताकते रह गये। यह उस चिमटे का प्रसाद था।

3

ग्यारह बजे गाँव में हलचल मच गयी। मेले वाले आ गये। मोहसिन की छोटी बहन ने दौड़कर भिश्ती उसके हाथ से छीन लिया और मारे खुशी के जा उछली, तो मियाँ भिश्ती नीचे आ रहे और सुरलोक सिधारे। इस पर भाई-बहन में मार-पीट हुई। दानों खुब रोये। उनकी अम्माँ यह शोर सुनकर बिगड़ीं और दोनों को ऊपर से दो-दो चाँटे और लगाये।

मियाँ नूरे के वकील का अंत उनके प्रतिष्ठानुकूल इससे ज्यादा गौरवमय हुआ। वकील जमीन पर या ताक पर तो नहीं बैठ सकता। उसकी मर्यादा का विचार तो करना ही होगा। दीवार में खूँटियाँ गाड़ी गयीं। उन पर लकड़ी का एक पटरा रखा गया। पटरे पर कागज का कालीन बिछाया गया। वकील साहब राजा भोज की भाँति सिंहासन पर विराजे। नूरे ने उन्हें पंखा झलना शुरू किया। अदालतों में खस की टट्टियाँ और बिजली के पंखे रहते हैं। क्या यहाँ मामूली पंखा भी न हो! कानून की गर्मी दिमाग पर चढ़ जाएँगी कि नहीं? बाँस का पंखा आया और नूरे हवा करने लगे। मालूम नहीं, पंखे की हवा से या पंखे की चोट से वकील साहब स्वर्गलोक से मृत्युलोक में आ रहे और उनका माटी का चोला माटी में मिल गया! फिर बड़े जोर-शोर से मातम हुआ और वकील साहब की अस्थि घूरे पर डाल दी गयी।

अब रहा महमूद का सिपाही। उसे चटपट गाँव का पहरा देने का चार्ज मिल गया, लेकिन पुलिस का सिपाही कोई साधारण व्यक्ति तो नहीं, जो अपने पैरों चलें। वह पालकी पर चलेगा। एक टोकरी आयी, उसमें कुछ लाल रंग के फटे-पुराने चिथड़े बिछाये गये, जिसमें सिपाही साहब आराम से लेटे। नूरे ने यह टोकरी उठायी और अपने द्वार का चक्कर लगाने लगे। उनके दोनों छोटे भाई सिपाही की तरह 'छोनेवाले, जागते रहो' पुकारते चलते हैं। मगर रात तो अँधेरी ही होनी चाहिये। महमूद को ठोकर लग जाती है। टोकरी उसके

हाथ से छूटकर गिर पड़ती है और मियाँ सिपाही अपनी बन्दूक लिये जमीन पर आ जाते हैं और उनकी एक टाँग में विकार आ जाता है।

महमूद को आज ज्ञात हुआ कि वह अच्छा डाक्टर है। उसको ऐसा मरहम मिला गया है जिससे वह टूटी टाँग को आनन-फानन जोड़ सकता है। केवल गूलर का दुध चाहिए। गूलर का दूध आता है। टाँग जवाब दे देती है। शल्य-क्रिया असफल हुई, तब उसकी दूसरी टाँग भी तोड़ दी जाती है। अब कम-से-कम एक जगह आराम से बैठ तो सकता है। एक टाँग से तो न चल सकता था, न बैठ सकता था। अब वह सिपाही संन्यासी हो गया है। अपनी जगह पर बैठा-बैठा पहरा देता है। कभी-कभी देवता भी बन जाता है। उसके सिर का झालरदार साफा खुरच दिया गया है। अब उसका जितना रूपांतर चाहो, कर सकते हो। कभी-कभी तो उससे बाट का काम भी लिया जाता है।

अब मियाँ हामिद का हाल सुनिए। अमीना उसकी आवाज सुनते ही दौड़ी और उसे गोद में उठाकर प्यार करने लगी। सहसा उसके हाथ में चिमटा देखकर वह चौंकी।

‘यह चिमटा कहाँ था?’

‘मैंने मोल लिया है।

‘कै पैसे में?’

‘तीन पैसे दिये।‘

अमीना ने छाती पीट ली। यह कैसा बेसमझ लड़का है कि दोपहर हुआ, कुछ खाया न पिया। लाया क्या, चिमटा! 'सारे मेले में तुझे और कोई चीज न मिली, जो यह लोहे का चिमटा उठा लाया। हामिद ने अपराधी भाव से कहा-तुम्हारी उँगलियाँ तवे से जल जाती थीं, इसलिए मैंने इसे लिया।

बुढ़िया का क्रोध तुरन्त स्नेह में बदल गया, और स्नेह भी वह नहीं, जो प्रगल्भ होता है और अपनी सारी कसक शब्दों में बिखेर देता है। यह मूक स्नेह था, खूब ठोस, रस और स्वाद से भरा हुआ। बच्चे में कितना त्याग, कितना सद्भाव और कितना विवेक है! दूसरों को खिलौने लेते और मिठाई खाते देखकर इसका मन कितना ललचाया होगा? इतना जब्त इससे हुआ कैसे? वहाँ भी इसे अपनी बुढ़िया दादी की याद बनी रही। अमीना का मन गद्‌गद्‌ हो गया।

और अब एक बड़ी विचित्र बात हुई। हामिद के इस चिमटे से भी विचित्र। बच्चे हामिद ने बूढ़े हामिद का पार्ट खेला था। बुढ़िया अमीना बालिका अमीना बन गयी। वह रोने लगी। दामन फैलाकर हामिद को दुआएं देती जाती थी और आँसू की बड़ी-बड़ी बूँदें गिराती जाती थी। हामिद इसका रहस्य क्या समझता!

मिट्ठू

बंदरों के तमाशे तो तुमने बहुत देखे होंगे। मदारी के इशारों पर बंदर कैसी-कैसी नकलें करता है, उसकी शरारतें भी तुमने देखी होंगी। तुमने उसे घरों से कपड़े उठाकर भागते देखा होगा। पर आज हम तुम्हें एक ऐसा हाल सुनाते हैं, जिससे मालूम होगा कि बंदर लड़कों से दोस्ती भी कर सकता है।

कुछ दिन हुए लखनऊ में एक सर्कस-कंपनी आई थी। उसके पास शेर, भालू, चीता और कई तरह के और भी जानवर थे। इनके सिवा एक बंदर 'मिट्ठू' भी था। लड़के झुंड-के-झुंड रोज इन जानवरों को देखने आया करते थे। मिट्ठू ही उन्हें सबसे अच्छा लगता। उन्हीं लड़कों में गोपाल भी था। वह रोज आता और मिट्ठू के पास घंटों चुपचाप बैठा रहता। उसे शेर, भालू, चीते आदि से कोई प्रेम न था। वह मिट्ठू के लिए घर से चने, मटर, केले लाता और खिलाता।

मिट्ठू भी उससे इतना हिल गया था कि बगैर उसके खिलाये कुछ न खाता। इस तरह दोनों में बड़ी दोस्ती हो गई। एक दिन गोपाल ने सुना कि सर्कस-कंपनी वहाँ से दूर शहर जा रही है। यह सुनकर उसे बड़ा रंज हुआ। वह रोता हुआ अपनी माँ के पास गया और बोला, 'अम्मा, मुझे एक अठन्नी दो, मैं जाकर मिट्ठू को खरीद लाऊं। वह न जाने कहाँ चला जायेगा। फिर मैं उसे कैसे देखूंगा? वह भी मुझे न देखेगा, तो रोयेगा।'

माँ ने समझाया, 'बेटा, बंदर किसी को प्यार नहीं करता। वह तो बड़ा शैतान होता है। यहाँ आकर सबको काटेगा, मुफ्त में उलाहने सुनने पड़ेंगे। लेकिन लड़के पर माँ के समझाने का कोई असर न हुआ। वह रोने लगा। आखिर माँ ने मजबूर होकर उसे अठन्नी निकालकर दे दी।

अठन्नी पाकर गोपाल मारे खुशी के फूल उठा। उसने अठन्नी को मिट्टी से मलकर खूब चमकाया, फिर मिट्ठू को खरीदने चला। लेकिन मिट्ठू वहाँ दिखाई न दिया। गोपाल का दिल भर आया – 'मिट्ठू कहीं भाग तो नहीं गया?' मालिक को अठन्नी दिखाकर गोपाल बोला, 'अबकी बार आऊंगा, तो मिट्ठू को तुम्हें दे दूँगा।'

गोपाल निराश होकर चला आया और मिट्ठू को इधर-उधर ढूंढने लगा। वह उसे ढूंढने में इतना मगन था कि उसे किसी बात की खबर न थी। उसे बिल्कुल न मालूम हुआ कि वह चीते के कठघरे के पास

आ गया था। चीता भीतर चुपचाप लेटा था। गोपाल को कठघरे के पास देखकर उसने पंजा बाहर निकाला और उसे पकड़ने की कोशिश करने लगा। गोपाल तो दूसरी तरफ ताक रहा था। उसे क्या खबर थी कि चीते का तेज पंजा उसके हाथ के पास पहुँच गया है। करीब इतना था कि चीता उसका हाथ पकड़कर खींच ले कि मिट्ठू न मालूम कहाँ से आकर उसके पंजे पर कूद पड़ा और पंजे को दांतों से काटने लगा।

चीते ने दूसरा पंजा निकाला और उसे ऐसा घायल कर दिया कि वह वहीं गिर पड़ा और जोर-जोर से चीखने लगा। मिट्ठू की यह हालत देखकर गोपाल भी रोने लगा। दोनों का रोना सुनकर लोग दौड़ पड़े, पर देखा कि मिट्ठू बेहोश पड़ा है और गोपाल रो रहा है। मिट्ठू का घाव तुरंत धोया गया और मरहम लगवाया गया। थोड़ी देर में उसे होश आ गया। वह गोपाल की ओर प्यार की आँखों से देखने लगा, जैसे कह रहा हो कि अब क्यों रोते हो? मैं तो अच्छा हो गया।

कई दिन मिट्ठू की मरहम-पट्टी होती रही और आखिर वह बिल्कुल अच्छा हो गया। गोपाल अब रोज आता और उसे रोटियाँ खिलाता। आखिर कंपनी के चलने का दिन आया। गोपाल बहुत दुखी था। वह मिट्ठू के कठघरे के पास खड़ा आँसू-भरी आँख से देख रहा था कि मालिक ने आकर कहा, 'अगर मिट्ठू तुमको मिल जाये, तो तुम क्या करोगे?'

गोपाल ने कहा, 'मैं उसे अपने साथ ले जाऊँगा, उसके साथ-साथ खेलूंगा, उसे अपनी थाली में खिलाऊंगा, और क्या।'

मालिक ने कहा, 'अच्छी बात है, मैं बिना तुमसे अठन्नी लिए ही इसे तुम्हें देता हूँ। गोपाल को जैसे कोई राज मिल गया। उसने मिट्ठू को गोद में उठा लिया, पर मिट्ठू नीचे कूद पड़ा और उसके पीछे-पीछे चलने लगा। दोनों खेलते-कूदते घर पहुँच गये।